张晓欢
李竞生 编著

天妃文化

在宁波

TIANFEI WENHUA

ZAI

NINGBO

中国起源地文化志系列丛书

中国起源地文化研究中心
国务院发展研究中心·东方文化与城市发展研究所

知识产权出版社
全国百佳图书出版单位

图书在版编目（CIP）数据

天妃文化在宁波 / 张晓欢，李竞生编著 . —北京：知识
产权出版社，2019.1
ISBN 978-7-5130-6005-9

Ⅰ. ①天… Ⅱ. ①张… ②李… Ⅲ. ①信仰—民间
文化—研究—宁波 Ⅳ. ① B933

中国版本图书馆 CIP 数据核字 (2018) 第 277614 号

责任编辑：宋　云　王颖超　　　　　责任校对：潘凤越
文字编辑：杨树坤　　　　　　　　　责任印制：刘译文

天妃文化在宁波

张晓欢　李竞生　编著

出版发行：知识产权出版社 有限责任公司		网　　址：http：//www.ipph.cn	
社　　址：北京市海淀区气象路 50 号院		邮　　编：100081	
责编电话：010-82000860 转 8655		责编邮箱：wangyingchao@cnipr.com	
发行电话：010-82000860 转 8101/8102		发行传真：010-82000893/82005070/82000270	
印　　刷：三河市国英印务有限公司		经　　销：各大网上书店、新华书店及相关专业书店	
开　　本：720mm×1000mm　1/16		印　　张：11.25	
版　　次：2019 年 1 月第 1 版		印　　次：2019 年 1 月第 1 次印刷	
字　　数：128 千字		定　　价：68.00 元	
ISBN 978-7-5130-6005-9			

《天妃文化在宁波》
编写委员会名单

主编简介

张晓欢，国务院发展研究中心东方文化与城市发展研究所综合研究室主任，北京大学政府管理学院应用经济学博士后，兼任新疆大学文化发展研究中心副主任及多个地方政府经济顾问。主要研究领域为城市与区域发展、新型城镇化、文化旅游、新兴产业、财政金融等，在《人民日报》《经济要参》等刊物发表文章多篇，获得过国家发改委"十三五"规划优秀建言献策专家等省部级荣誉称号，著有《新时代中国文化发展新思路》《迈向高质量特色小镇建设之路》等专业著作。

李竞生，毕业于北京大学，现为中国起源地文化研究中心执行主任，北京大学科技园创业导师，中国民间文艺家协会会员，"2017中国文化产业年度人物"候选人，兼任宁夏回族自治区中宁县人民政府、河北省宽城满族自治县人民政府、山西省浑源县人民政府等多地政府顾问。主要研究领域为起源地文化、文化创意、文化产业、文化旅游、知识产权、品牌管理等，主要作品有《中国起源地文化志》《中国起源地名录》《蒙学十三经》《蒙学五经》《满族文化美食四十九道馔》等。

序一
大力推进天妃文化的传承与创新

天妃文化作为中华民族最重要的民间信仰之一，源远流长，根深叶茂，传承有序。因此，《天妃文化在宁波》这样一个学术成果的发布和天妃起源地文化产业示范基地的落成具有特别重要的意义，体现在以下四个方面。

一是系统梳理了天妃文化起源、发展、丰富、传播的脉络。研究天妃文化的专家学者很多，学术论文数量也很大，但是从文化源头出发，结合对宁波城区和奉化实地考察展开深入研究并取得众多崭新结论的学术成果应该说还是首次看到，确实可喜可贺。

二是深入剖析了宁波天妃文化的地缘特色，剖析了这一民间信仰与地区政治、经济、社会之间的内在联系，从而为传承和弘扬天妃文化打下了扎实的理论基础。特别是成果中关于天妃文化在宁波本地传播的方式与特色、漕运在宁波天妃文化成长中的作用、商务会馆和商帮与宁波天妃文化的关

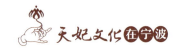

系等的分析和论述非常精辟，这对今后进一步推动天妃文化
在宁波的发展很有帮助。

三是密切结合宁波地区和奉化的实际，为进一步传承发
展天妃文化提出了切实可行的建议和方案。特别是关于建立
宁波天妃文化生态保护实验区、重视保护天妃文化孕育的自
然生态环境以及天妃文化遗产的整体保护等具有远见卓识。

四是中国起源地文化产业示范基地的建立使上述规划和
建议进一步具备了可操作性。

借此机会，受此启发，我就天妃文化谈一点认识。

首先，天妃文化与中国传统的儒、释、道文化融合，形
成了庞大丰富的民间信仰体系，成为宝贵的传统文化资源，
具有重要的多元价值，主要体现在五个方面。

一是天妃文化作为传统文化具有非常重要的科学研究价
值，它对促进文化的多样性和繁荣社会科学研究的发展具有
重要作用；二是天妃文化所宣扬的某些道德价值观念和社会
伦理价值，在现代社会中仍能起到较强的道德教化作用；三
是天妃文化及其活动仪式在民间具有区域认同、社会整合的
功能，可以起到增进民族团结和维护国家统一的社会作用；
四是天妃文化作为一种传统文化资源有经济开发利用价值，
它对促进区域经济发展和形成经济联盟、助力"一带一路"
经济文化发展具有重要作用；五是天妃文化作为民间文化的
组成部分，具有很高的艺术价值与美学价值，它在发展民间
文化、丰富人民群众的精神文化生活等方面能够起到积极作
用。当然，作为民间信仰，天妃文化也在不同程度上存在一
些消极因素和影响，因此在新的时代必须对天妃文化从整体
上和细节上进行系统的和分门别类的研究分析，并在社会实

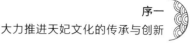

践中加以科学的引导，从而使之适应时代的发展。

其次，天妃文化具有民间性、多元性、地域性和联络性特征。在其流传的广大区域，特别是福建、台湾、广东、浙江、山东、天津等地的妈祖信俗与天妃文化各具特色，互相联系，相互补充，形成了多元一体、生机勃勃的文化现象。因此传承发展天妃文化，应广泛研究各地的案例，汲取有益的经验。

最后，对天妃文化的传承与发展，应特别重视转化融合、传播创新，也就是努力做到创造性转化、创新型发展。如何转化、融合、传播、创新呢？有三个方面的建议。

一是进一步做好对天妃文化涉及的民间文学、表演艺术、手工制作技艺、民间习俗、祭祀仪式、生产与生活技能等多种元素的系统梳理，系统掌握和理解祖先建立在民间信仰基础上的智慧和知识，培育各个领域的传承人，在此基础上，形成多个天妃文化生态保护实验区。用系统的知识体系、仪式体系、传承人体系和保护区体系形成天妃文化的深度融合。通过与其他天妃文化地域实现资源共享、联合开发、深度合作，相互比较，相互学习，实现共赢。

二是建设天妃文化之乡。在文化品牌塑造和品牌的管理与组织方式上创新。近年来，中国文联和中国民间文艺家协会在全国开展创建民间文化艺术之乡的活动，把民间文化资源塑造成为国家级文化品牌，取得了很好的效果。通过地方政府、天妃文化社团组织、科研单位和高等院校、相关企业事业单位和广大传承人等齐心协力，在综合研究、艺术创作、产业开发、人才培养等方面大力推动天妃文化的全方位传承和发展。

三是把当代高新技术融合到天妃文化和旅游的创意产业当中，创建融天妃文化精粹和高科技含量于一体的海洋文化

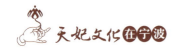
主题公园和系列动漫产品及衍生文化旅游创意产品。充分利用宁波（奉化）地区人口密度大、人员流动快、城市村镇密集、文化教育发达、科技力量集中、工业基础雄厚、交通立体性能高、经济发展活跃等积极因素，在传统文化资源的创造性转化和创新型发展方面，在全国起到引领和示范作用。

中国文联民间文艺艺术中心副主任　刘德伟

2018 年 3 月于宁波市奉化区宁波湾

序二
天妃文化颂

茫茫东海涌波涛，
寒光宛转生琼瑶。
渔民出没风波里，
生计奔忙走一遭。
浩渺前途不可测，
生死沉浮任飘摇。
龙生十女各有志，
巽女慈悲入俗世。
龙宫富贵须臾抛，
心怀红尘苍生事。
妈祖天妃乘愿来，
护国佑生常显示。
金戈铁马忆当年，
宋室衣冠向南迁。

须臾大浪狂风作，
急求天妃心念虔。
狂风退去波涛静，
一众平安离甬岸。
万语千言难尽述，
天妃神恩众生沐。
匡扶社稷保平安，
护佑苍生无量数。
从此海上有明灯，
往来舟楫皆得渡。
天妃神威四方扬，
宁波天妃遍地香。
御敕加封愈隆盛，
漕运船帮渊源长。
天涯海角路漫漫，
幸有天妃勤护航。
天妃恩德永铭记，
千载依然留圣迹。
巍巍天宫今犹存，
暮暮朝朝出紫气。
护佑苍生未尝歇，
浩然正气流天地。
继往开来大复兴，
东方巨龙领文明。
一带一路宏图远，
海上丝绸万里行。

天妃神威愈振奋，
护佑九州四海宁。

张晓欢
2018 年初夏于宁波市奉化区阳光海湾

前言

　　宁波天妃文化源远流长，既是浙东海洋文化的重要组成部分，也是全球人类平安、和平文化皇冠上的一颗璀璨明珠。宁波市奉化区东部湾区，享有"海上西湖""浙江三亚"等美誉，拥有东海近岸中唯一的一片清澈海域和"中国第一渔村"。千百年来，宁波人民用勤劳和智慧孕育并发展以"平安"为主线的天妃文化，这对促进两岸友好合作交流起到了重要纽带作用。

　　为进一步挖掘天妃文化在宁波的历史内涵和时代意义，促进海内外天妃文化的交流与合作，讲好新时代天妃文化故事，2016年5月10日，国务院发展研究中心东方文化与城市发展研究所联合中国起源地文化研究中心共同成立"天妃文化在宁波"课题组，充分借鉴前人的研究成果，专门对天妃文化进行了系统性梳理。

　　天妃文化起源于中国龙文化，属于东方海神文化的范

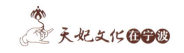
畴，也是世界海神文化的重要代表。天妃文化在形成与发
展中，融合了龙文化、妈祖文化、观世音菩萨文化等海神文
化，并与中国的儒、释、道文化融会贯通，交相辉映，对我
国和世界人类和平产生了极大促进作用。护航、佑民、卫国
是天妃文化的重要精神内核，其倡导的爱国、爱民、爱家、
爱自然、爱和平等理念与当今世界和平发展观、生态文明理
念产生了强烈共鸣。

未来，我们应继续深化天妃文化在促进海峡两岸及"一
带一路"沿线国家和地区文化、经贸交流合作中所起到的
积极作用，凝聚全球天妃文化机构和人士的共识，强化华人
华侨与祖国的精神纽带作用，展示新时代和平中国、天下
一家的大国形象，推进海上丝绸之路沿线国家和地区的民
心交融，让天妃文化在人类文明交流互鉴中发挥出新的纽
带作用。

目　录 >>>

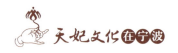

第一章
天妃文化的起源

天妃文化源远流长。天妃从保护渔民、保护漕运、海运祈福、护国护民到与海神、菩萨等平起平坐，其文化传播地域和传播范围不断扩大，已经成为我国分布区域最为广大、影响最为深远的民间信仰之一。

关于天妃文化的起源，主要有两种说法：一种说法认为，东海龙王的大龙女与二龙女嫁给了天公，被封为天妃和易妃。因为天妃的龙女出身，能护佑四海平安，被信奉为"一代海神"，还兼有"送子娘娘"的职能，所以又称为"天妃娘娘"或"平安娘娘"。另一种说法是福建莆田林默羽化成仙后，被历代皇帝敕封了多种封号，其中一个封号便是"天妃"或"天妃娘娘"。

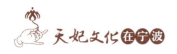

第一节　天妃文化起源之一：东海龙王大女儿

在中国历史文化传说中，东海龙王为四海龙王之首，亦为所有水族龙王之首。传说东海龙王活了一万岁，主宰着雨水、雷鸣、洪灾、海潮、海啸等，海洋管辖之权为龙王所有，天庭一般任其自治。东海龙王的子嗣非常多，有九个儿子，十个女儿。东海龙王的九个儿子就是我们通常说的龙生九子，十个女儿也都非常出色。

东海龙王的大龙女与二龙女嫁给了天公（即玉皇大帝），被封为了天妃和易妃。大龙女天妃娘娘不仅能保佑航海捕鱼之人的平安，而且还兼有送子娘娘的职能。在海上作业的船民与渔民都非常信奉天妃，每当出海遭遇风浪危急时，船民和渔民只要向这位神灵号呼求救，她就会派遣红灯或神鸟赶去搭救，可以让人们免于海难。所以船民与渔民为之建庙立祠，定期举行祭祀活动。

天妃像

中国起源地文化志系列丛书

第二节　天妃文化起源之二：妈祖娘娘的封号

根据文献记载，妈祖原型应为林默，后来吸收儒家、道家、佛家等思想逐渐形成现在妈祖的形象。自宋朝以后妈祖得到历代皇帝的敕封，名号不断增多，有的名号长达 66 字，其中一个广为传颂的便是封号"天妃"。

2009 年，妈祖信俗被联合国教科文组织列入人类非物质文化遗产代表作名录。在妈祖信俗中，妈祖象征着海洋、大爱与平安，执掌着海上安全、商业兴隆、平安守护和消灾避难。这种文化信仰对人民群众和社会稳定产生了较好心理影响和促进作用，受到了管理者和统治者的高度重视。自宋代徽宗皇帝以来，妈祖不断受到最高统治者的加封。尤其是宋徽宗的首次封诰奠定了妈祖成为全国性海神的基础，这是妈祖第一次受到国家册封，得到了国家层面认可。

在众多封号中，"天妃"封号共有十次。元代的八次册封主要为庇护漕运。明清各一次，分别为庇护郑和下西洋和庇护万正色克厦门。也就是说，除了清代"天妃"封号是为庇护海上战争，其他天妃封号的重要指向是保护海上航运平安。因此，"天妃娘娘"又被称为"平安娘娘"。

历代妈祖敕封表

朝代	帝号	年代	封号	褒封事由	备注
宋代	徽宗（赵佶）	宣和五年（1123）	顺济夫人，赐"顺济"庙额	路允迪出使高丽，途中显圣	见《宋史·徽宗本纪》《宋会要辑稿·礼》二十，第795页，引《永乐大典》一千二百三十三卷《神女祠》
	高宗（赵构）	绍兴二十六年（1156）	灵惠夫人	郊典	见《宋会要辑稿·礼》二十，第795页
		绍兴三十年（1160）	灵惠昭应夫人	迷雾歼海寇	见《宋会要辑稿·礼》二十，第795页
	孝宗（赵昚）	乾道三年（1167）	灵惠昭应崇福夫人	灵泉救疫	见《宋会要辑稿·礼》二十，第795页
		淳熙十一年（1184）	灵惠昭应崇福善利夫人	助捕温台寇	见《咸淳临安志》卷七十三《顺济圣妃庙》引丁伯桂之《庙记》
	光宗（赵惇）	绍熙元年（1190）	灵惠妃	救旱灾	见楼钥《攻媿集》卷三十四《兴化军莆田县顺济庙灵惠昭应崇福善利夫人封灵惠妃》
	宁宗（赵扩）	庆元四年（1198）	灵惠助顺妃	救潦灾、平大奚民暴	见《咸淳临安志》卷七十三《顺济圣妃庙》引丁伯桂之《庙记》
		嘉定元年（1208）	灵惠助顺显卫妃	淮甸抗金	见《敕封天后志》、《咸淳临安志》卷七十三《顺济圣妃庙》引丁伯桂之《庙记》
		嘉定十年（1217）	灵惠助顺显卫英烈妃	救旱、平海寇	见至正《四明续志》、《咸淳临安志》卷七十三《顺济圣妃庙》引丁伯桂之《庙记》
	理宗（赵昀）	嘉熙三年（1239）	灵惠助顺嘉应英烈妃	钱塘遏潮助堤	见至正《四明续志》卷九录鄞县程端学撰《灵慈庙记》、《积斋集》卷四:《灵济庙事迹记》
		宝祐二年（1254）	灵惠助顺嘉应英烈协正妃	救旱、赈兴泉饥	见至正《四明续志》卷九引程端学《灵济庙事迹记》
		宝祐三年（1255）	灵惠助顺嘉应慈济妃	未载具体事由	见至正《四明续志》卷九引程端学《灵济庙事迹记》
		宝祐四年（1256）	灵惠显济嘉应协正善庆妃	钱塘堤成	见至正《四明续志》卷九引程端学《灵济庙事迹记》
		景定三年（1262）	灵惠显济嘉应善庆妃	胶舟捕海寇	见至正《四明续志》卷九引程端学《灵济庙事迹记》
元代	世祖（忽必烈）	至元十五年（1278）八月壬子朔，辛未二十日	护国明著灵惠协正善庆显济天妃	庇护漕运	见《元史》《世祖本纪》《续文献通考》《灵济庙事迹记》、宋渤《庙记》
		至元十八年（1281）	护国明著天妃	庇护漕运	见《积斋集》卷四《灵济庙事迹记》
		至元二十五年（1288）六月癸酉	广祐明著天妃	庇护漕运	见《元史》卷十五《世祖本纪十五》
	成宗（铁穆耳）	大德三年（1299）二月壬申二十日	护国庇民明著天妃	庇护漕运	见《元史》卷二十《成宗本纪》、《四明续志》、程端学《灵济庙事迹记》
	仁宗（爱育黎拔力八达）	延祐元年（1314）	护国庇民广济福惠明著天妃	庇护漕运	见至正《四明续志》卷九引程端学《灵济庙事迹记》

续表

朝代	帝号	年代	封号	褒封事由	备注
元代	文宗（图帖睦尔）	天历二年（1329）己亥十六日	护国庇民广济福惠明著天妃，赐庙额曰"灵慈"	庇护漕运	见《续文献通考》、洪希文《圣墩宫天妃诞辰笺》、至正《四明续志》卷九引程端学《灵济庙事迹记》、《元史》卷三十三《文宗本纪》
元代	顺帝（妥懽帖睦尔）	至正十年（1350）二月丙戌	诏加封天妃父种德积庆侯，母育圣显庆夫人	庇护漕运	见《元史》卷四十二《顺帝本纪》
元代	顺帝（妥懽帖睦尔）	至正十四年（1354）十月甲辰十六日	护国辅圣庇民广济福惠明著天妃	庇护漕运	见《元史》卷四十三《顺帝本纪》
明代	太祖（朱元璋）	洪武五年（1372）	昭孝纯正孚济感应圣妃	助海运	见《七修类稿》《天妃显圣录》兼参成祖诏等
明代	明成祖（朱棣）	永乐七年（1409）	护国庇民妙灵昭应弘仁普济天妃	庇护郑和下西洋	见《明实录·成祖实录》卷六十一，《明史》卷五十《礼志》
清代	圣祖（玄烨）	康熙十九年（1680）	护国庇民妙灵昭应弘仁普济天妃	庇万正色克厦门	见《中山传信》、汪楫《使琉球杂录》《天妃显圣录》
清代	圣祖（玄烨）	康熙二十三年（1684）	护国庇民昭灵显应仁慈天后（晋封天后）	助施琅平台	见雍正年间编《天后显圣录》、林清标《敕封天后志》、禅济布等《奏折》
清代	高宗（弘历）	乾隆二年（1737）	护国庇民妙灵昭应弘仁普济福祐群生天后	庇督饷台湾	见林清标《敕封天后志》、《清宫档案》、《钦定大清会典则例》卷八十四《礼部·群祀》
清代	高宗（弘历）	乾隆二十二年（1757）	护国庇民妙灵昭应弘仁普济福祐群生诚感咸孚天后	庇海宝等使琉球	见林清标《敕封天后志》、"清宫档案"、周煌《使录》、《钦定大清会典则例》卷八十四《礼部·群祀》、《琉球国志略》
清代	高宗（弘历）	乾隆五十三年（1788）	护国庇民妙灵昭应弘仁普济福佑群生诚感咸孚显神赞顺天后	平台湾林爽文暴动	见林清标《敕封天后志》、"清宫档案"、《钦定大清会典则例》卷八十四《礼部·群祀》
清代	仁宗（颙琰）	嘉庆五年（1800）正月二十九日	护国庇民妙灵昭应弘仁普济福祐群生诚感咸孚显神赞顺垂慈笃祐天后	赵文楷使琉球	见林清标《敕封天后志》、《钦定大清会典则例》卷八十四《礼部·群祀》、"清宫档案"

中国起源地文化志系列丛书

续表

朝代	帝号	年代	封号	褒封事由	备注
清代	宣宗（旻宁）	道光六年（1826）	护国庇民妙灵昭应弘仁普济福祐群生诚感咸孚显神赞顺垂慈笃祐安澜利运天后	江苏巡抚奏漕运安抵	见《圣迹图志》、"清宫档案"
		道光十九年（1839）	护国庇民妙灵昭应弘仁普济福祐群生诚感咸孚显神赞顺垂慈笃祐安澜利运泽覃海宇天后（晋封天上圣母）	林鸿年使琉球还	见《圣迹图志》、"清宫档案"
		道光二十八年（1848）	护国庇民妙灵昭应弘仁普济福祐群生诚感咸孚显神赞顺垂慈笃祐安澜利运泽覃海宇恬波宣惠天后	江苏巡抚奏庇漕运	见"清宫档案"
	文宗（奕詝）	咸丰二年（1852）	护国庇民妙灵昭应弘仁普济福祐群生诚感咸孚显神赞顺垂慈笃祐安澜利运泽覃海宇恬波宣惠导流衍庆天后	江苏巡抚奏庇漕运	见"清宫档案"
		咸丰三年（1853）	护国庇民妙灵昭应弘仁普济福祐群生诚感咸孚显神赞顺垂慈笃祐安澜利运泽覃海宇恬波宣惠导流衍庆靖洋锡祉天后	福建巡抚奏庇海运	见"清宫档案"
		咸丰五年（1855）	护国庇民妙灵昭应弘仁普济福祐群生诚感咸孚显神赞顺垂慈笃祐安澜利运泽覃海宇恬波宣惠导流衍庆靖洋锡祉恩周德溥天后	热河都统奏庇击退盗艇，漕运总督奏庇漕运	见"清宫档案"

续表

朝代	帝号	年代	封号	褒封事由	备注
清代	文宗（奕詝）	咸丰五年（1855）	护国庇民妙灵昭应弘仁普济福祐群生诚感咸孚显神赞顺垂慈笃祐安澜利运泽覃海宇恬波宣惠导流衍庆靖洋锡祉恩周德溥卫漕保泰天后	漕运总督奏批漕运	见"清宫档案"
		咸丰七年（1857）	护国庇民妙灵昭应弘仁普济福祐群生诚感咸孚显神赞顺垂慈笃祐安澜利运泽覃海宇恬波宣惠导流衍庆靖洋锡祉恩周德溥卫漕保泰振武绥疆天后	不详	见光绪续修《大清会典》
	穆宗（载淳）	同治十一年（1872）	护国庇民妙灵昭应弘仁普济福祐群生诚感咸孚显神赞顺垂慈笃祐安澜利运泽覃海宇恬波宣惠导流衍庆靖洋锡祉恩周德溥卫漕保泰振武绥疆嘉祐天后	以护漕有功	见光绪续修《大清会典》及《上海县续志》
	德宗（载湉）	光绪元年（1875）	护国庇民妙灵昭应弘仁普济福祐群生诚感咸孚显神赞顺垂慈笃祐安澜利运泽覃海宇恬波宣惠导流衍庆靖洋锡祉恩周德溥卫漕保泰振武绥疆嘉祐敷仁天后	以台湾防务神灵显应	见《清德宗实录》

资料来源：编者根据相关资料整理。

007

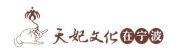

第三节 天妃文化起源之因：护航、佑民、卫国

天妃文化的起源，与我国航海事业的发展息息相关。我国航海业的历史十分悠久，在隋唐时期就已相当成熟，与日本、朝鲜及南亚各国的海上往来十分频繁。宋、元、明三代，海上航运已十分发达，海上对外贸易涵盖了东亚、南亚、澳洲的大片区域，既有元朝南粮北运千重帆影相望的繁荣，更有郑和七下西洋万里海疆变通途的壮举。

航海是勇敢人的事业，航海的风险是随时存在的。尤其在科技落后的古代，人们抵御自然灾害的能力很差，常有大批航海者在风浪中丧生，所以急需寻求自己的保护神，但长期没有形成统一的信仰。我国人民自认为是龙的传人，并认为东海龙王是龙王的首领，所以就期待东海龙王能够为海上行船提供庇护。在历史传说中，东海龙王的大女儿，宅心仁厚，法力无边，常救人于危难。一些渔民和海上贸易人员便开始在家里或船上开展祭祀活动，将之作为心目中的一盏明灯，东海龙女渐渐成为海上出行祈求平安的精神寄托。这是航海者心中的愿望，是时代的需要，也和古今中外的各种神明的产生一样，是一种社会阶段和历史发展的必然。

古代航运

在天妃传说中，人们首先将龙女自然神变成人格神的航海保护神。天妃的相关祭祀活动，给船员带来了庄严的仪式感，不仅给航海者极大的精神慰藉和寄托，还大大激励了航海者的勇气和胆识。

由于人间的航海灾难实在太多了，所以传说天妃就下凡了，并发生了很多神奇的故事。天妃在人间能预知人之祸福，为人治病救灾，为人们的生产、生活做了大好事。等天妃完成一阶段的使命后，又升天了。人们不忘她的恩惠，因此为她立庙祭祀，并祈祷再次显灵。传说天妃升天后，仍时常在海上显灵，庇佑商旅，保护渔民，拯救遇难船只。于是，具有大慈大悲、无限神力的天妃信仰出现了。天妃信仰的出现，正迎合了航海者的心理需求，作为航海者和滨海居民的精神支柱，以取得心灵的安慰和心态的平衡。

因此，天妃相关传说和故事大致可分为三类：一是天妃为真神，下凡于沿海地带，成为当地百姓供奉的神灵；二是天妃行大慈善拯救船工、商人或渔民于海难，解决渔民、船

中国起源地文化志系列丛书

帮的生产、生活问题；三是天妃帮助沿海百姓驱除外侮，保家卫国。也就是说天妃文化具有三个特点：一是沿海船工、渔民的航海保护神；二是能消除海难，保佑船工、渔民海上作业的安全；三是中国的海神，司守卫这片海域的神职。天妃文化"护航、佑民、卫国"的三个内涵特征某种程度上正好迎合了沿海居民对和平、友爱、美好生活的向往。

第二章
天妃文化在宁波的传播

　　宁波位于中国海岸线的中部，有利于航海、捕捞、海上贸易和海洋运输业的发展，对于天妃文化传播十分有利。天妃文化传播来源可分为三种：一是来自东海龙王大女儿"天妃"在奉化入海口休息娱乐、护航佑民的历史传说；二是来自福建莆田妈祖文化的北上，即福建人将妈祖文化带入宁波，妈祖文化与天妃文化在本质上具有同样内涵；三是来自朝廷敕封的推动，朝廷对妈祖的敕封不仅正式拉开了妈祖信俗上升为国家神的序幕，也加快了宁波天妃文化的传播。

宁波

第一节　天妃文化传入宁波的时间

宁波，古称明州，很早就接受了天妃文化，并且在天妃文化形成和发展过程中起到了重要作用。据专家研究，宁波是最早接纳天妃文化的地区之一，并与福建的妈祖文化不断融合。❶

现代宁波港口

宁波乃"海道辐辏之地"，是海上丝绸之路的重要始发港。宁波地区包括观音、妈祖、如意娘娘在内的"海神信仰"由来已久。据史书记载，早在南宋绍熙二年（1191），

中国起源地文化志系列丛书

---

❶　谢安良．宁波：世界级遗产妈祖文化的弘扬地［N］．宁波日报，2009-12-18（A11）．

宁波就开始建造天妃宫。据不完全统计，宁波地区（包括舟山）历史上有天后宫 130 多座。只是随着时代变迁，市区现存的天后宫只剩庆安会馆和安澜会馆了。

甬东天后宫——庆安会馆之一

天妃文化与福建妈祖信俗融合最为紧密。宁波境内的"灵慈庙"是莆田人在宁波建造的最早的天妃宫（清代改为天后宫），比泉州天后宫还要早一年。庙中的妈祖神像，也是从莆田湄洲祖庙分炉而来。当时的地方官员曾委托沈氏家族，请他们世代掌管天妃宫。

有资料显示，清代全国各地由商帮会馆创建的天后宫为 191 座，其中明确记载由福建商帮兴建或参与兴建的天后宫为 142 座，以江浙、上海、天津、山东的沿海城市居多。天妃文化与妈祖信仰在宁波得到了不断的融合与升华，并在海洋漕运与海上丝绸之路的双重带动下，传播到更广阔的空间。

19 世纪晚期，随着科技的进步和人类文明程度的提高，人们对海上天气规律的认识逐渐深入，预知灾害和抗击灾害的能力不断提升，对海上保护神的期待逐渐减弱，天妃文化在宁波也逐渐衰退，天后宫成为历史遗迹。在宁波，其他天后宫都被高楼大厦所替代，而江东木行路庆安会馆仍保留着它的建筑风貌，两个石柱上的石刻立体雕凿青龙作为文物被保存，"甬东天后宫碑铭"也受到保护。❶

甬东天后宫碑铭

❶ 参见陈焕文.妈祖信仰及其在宁波的影响［J］.宁波师院学报·社会科学版，1993（1）.

第二节　天妃文化传入宁波的源头

一、福建传入

从宋代开始，在明州（宁波旧称）经商的福建商帮就特别多。在经商的同时，福建商帮把他们的妈祖信俗也带到了浙东一带。据《小洋乡志》载："宋高宗南渡，时江、浙、闽、粤海运频繁。为漕运之方便，船商首户在本岛设库建仓，建立中转站。时闽、粤船户信奉天后，为求航行之平安，由周、陈两巨商发起，于南宋绍兴元年（1131）在本岛建'天后宫'，供奉天后娘娘。日后，南北船户至本岛必上岸供祭。"

宁波首个天妃宫是由福建商人建造的。南宋绍熙二年（1191），福建籍船长沈法询在去往海南的路上遭遇狂风，危急时刻求助妈祖女神，得以渡过危难。于是他们到了福建莆田，取了当地妈祖庙的炉香，回到位于明州城东市舶司门外来远亭北侧（即今江厦街与东渡路交接处）的住宅，只见红光满室，且有阵阵异香。沈法询于是把自己的住宅捐为庙宇，又增加了部分官地，捐资募众，创殿设像，宫馆合一，由此诞生了浙东地区第一座天妃宫。该天妃宫又名灵慈庙，清时称天后宫，是我国第一个由福建舶商从莆田祖庙分灵（分炉香）在福建省外建造的天后宫，一直延续到近代，直至 1949 年被国民党军队炸毁。

中国起源地文化志系列丛书

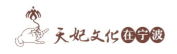

闽商除在城内建天后宫外，又在镇海、慈溪、象山等地前后建造了几十座天后宫。直到近代，在宁波的天后宫（会馆）由福建商帮创建与延续的为最盛。这些天后宫（会馆）成为闽商在浙东传播天妃文化的主要场所。

关于天妃文化在宁波传播的源头，史书并无记载，大概传播路径主要有以下三条。

（一）由在宁波港商船"掌舵老大"所传

宁波早在唐代即是著名的通商口岸，唐、宋间，日本、高丽遣唐使、遣宋使和僧人都在宁波口岸登陆，福建商人、船工在宋代就活跃在宁波港。明代宁波又是朝廷核准的对日贸易港口。据朱德兰引用日本《华夷变态》一书所辑资料载：康熙年间有35艘福建商船到舟山、普陀进货后驶向日本。日本《通航一览》记载，1807年的一艘赴日本商船中，通船88人，其中福建船工就有59人，而1829年又一艘赴日洋船上，全船116人，其中闽人84人。在清代的宁波商船上，更有许多"掌舵老大"和船工都是福建人。这些人都是天妃文化（妈祖信俗）在宁波的传播者。

（二）由闽越渔民北上舟山渔场捕鱼作业所传

舟山群岛为我国著名渔场，从赵以忠先生所著《舟山渔业发展史初探》中我们知道，在两宋间就有福建渔民在舟山一带捕鱼。清代福建渔民在舟山建有"八闽会馆"，他们还参与了当地"人和公所""永安公所"及"鱼商公所"的建造。至今舟山岛和宁波象山、宁海、奉化靠海一带，还有闽南人村落和许多会讲闽南话的遗民，他们是福建移民的后裔。笔者曾为此在沿海渔村居住，走访一些长期在海上作业的老渔民。他们认为与闽、台渔民相互交流不存在什么障碍，在中华人民共和国成立前象山石浦还专门设有闽台会馆，供上岸的渔民在陆地上祭祀妈祖、休憩与商贸，相互间亲密如同兄弟，甚至有两地渔民在共同的妈祖信俗和交往中，相互结为儿女亲家，让这种信俗与亲情世代延衍下去。

（三）由驾舟浪迹天涯的疍民"白水郎"所传

疍民是一个水上氏族，长年生活在船上。浙东地区以前也有疍民生活，大都集中在江河海洋，以船为生，以水为生。关于浙东疍民，历史很少记载。宋乐史《太平寰宇记》卷九十八《江南东道十·明州》云："东海上有野人，名曰庚定子。旧说云昔从徐福入海，逃避海滨，亡匿姓名，自号庚定子，土人谓之白水郎。脂泽悉用鱼膏，衣服兼资绢布。音讹亦谓之卢亭子。"另在清咸丰年间，因黄河河道阻塞："漕粮海运……漕商集四百条疍船下海营运。"（《鄞县志·食货篇》）可想那个时期，担任运输任务的疍船，尚能集四百条之多。据当地长者回忆：解放前在姚江上还能见到疍船的踪影，俗称"疍壳船"。疍民以捕鱼为业，上岸多为卖余鱼和采购生活用品。民间俗称"疍民哥"和"疍民嫂"。笔者在姚江畔长大，当地疍民信仰"瘟郎中"。外祖母小时候常上疍船，请"瘟郎中"（俗称"天王菩萨"）的"令旗"治病。有学者分析浙东地区的疍民，在解放后尚有踪迹可寻，现在不知所终，是因为时代的变迁，致使他们上岸变成常人。这些疍民信奉妈祖，也是天妃文化在宁波的传播者。

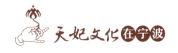

二、皇帝敕封

（一）明州敕封：宋徽宗敕封妈祖庙"顺济"庙额

现在妈祖信俗的研究者，多提出"路允迪驾神舟出使高丽"航运中，舟船"八而覆其七"，有湄洲神女妈祖护佑脱离海难，宋徽宗准奏赐"顺济夫人"匾。此种说法主要根据廖鹏飞《圣墩祖庙重建顺济庙记》记载，实为有误。关于"路允迪出使高丽"，记载最为详尽的当推与路允迪一起"以奉议郎为国信使提辖人船礼物官"徐兢撰写的《宣和奉使高丽图经》（以下简称《图经》），但该书并没有提到"八而覆其七"这回事。

《图经》卷三十四《黄水洋》记载："黄水洋，即沙尾也。其水浑浊且浅。舟人云：其沙自西南而来，横于洋中千余里。即黄河入海之处，舟行至此则以鸡黍祀沙。盖前后行舟过沙，多有被害者。故祭其溺水之魂云。自中国适句骊，唯明州道则经此。若自登州版桥以济，则可以避之。比使者回程至此，第一舟几遇浅。第二舟，午后三舵并折。赖宗社威灵，得以生还。故舟入海以过沙尾为难，当数用铅硾试其深浅，不可不谨也。"《图经》卷三十九《礼成港》有两处记"折舵"事故，曰："至黄水洋中，三舵并折，而臣适在其中。与同舟之人断发哀恳，祥光示现，然福州演屿神亦前期显异。故是日舟虽危，犹能易他舵。既易复倾摇如故，又五昼夜方达明州定海。二十一日辛丑过沙尾，午间第二舟三副舵折，夜漏下四刻正舵亦折。而使舟与他舟皆遇险不一。二十三日壬寅望见中华秀州山。"其间没有提到"八而覆其七"之海难事故，而是说："自祖宗以来，累遣使命，未尝有飘溺不还者，

赐封"顺济"庙额

中国起源地文化志系列丛书

惟恃国威灵，伏忠信，可以必其无虞耳。今叙此以为后来者之劝。"所谓"八船"，《图经》卷三十四《神舟》《客舟》有过叙述，宣和之神舟较之元丰年间安焘出使之神舟："大其制而增其名，一曰：鼎新利涉怀远康济神舟；二曰：循流安逸通济神舟。"即形制加大，称谓增加。另外六艘船，《客舟》曰："旧例，每因朝廷遣使，先期委福建、两浙监司顾募客舟。复令明州装饰，略如神舟，具体而微，其长十余丈，深三丈，阔二丈五尺，可载二千斛粟。""每舟篙师水手可六十人"，属于大船类型。又曰："神舟之长阔、高大，什物、器用、人数，皆三倍于客舟也。"❶

《图经》卷三十四《招宝山》一节中又说："二十四日丙

❶ 引自俞信芳.妈祖的早期文献及与鄞县之关系［J/OL］.［2012-05-27］.
http://www.chinamazu.cn/mzdg/wxsj/xslw20150527/28384.html.

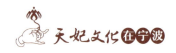

子（1123年6月19日）八舟鸣金鼓，张旗帜，以次解发。"当第二艘船三副舵被折，徐兢曰："臣适在其中。"则徐兢所乘坐的是第二艘船，即"循流安逸通济神舟"。此船虽然折过三副舵，一主舵。经过换舵以后，船和上面的人员还是"赖宗社威灵，得以生还"。第一舟当为路允迪等所乘，则所谓"八而覆其七"之说，就失去了依据。而且，这一重大事故，既不见于《图经》，也不见于《宋史》记载。朝鲜人郑麟趾的《高丽史》卷十五《世家·仁宗》等文有记载路允迪、傅墨卿出使高丽之事，但也没有记叙、追叙"八而覆其七"之海难事故。所以"八而覆其七"之真实性，有待新材料证实。

关于祈求神物护佑，《图经》也有记载，但祈求对象不是妈祖。《招宝山》曰："十六日戊辰（6月11日）神舟发明州，十九日辛未（6月14日）达定海（今镇海，下同）县。先期遣中使（宦官）武功大夫容彭年建道场于总持院七昼夜。仍降御香宣祝于显仁助顺渊圣广德王祠。神物出现，状如蜥蜴，实东海龙君也。"《宝庆四明志》卷十九《定海县志·甲乙律院》十三曰："总持院，县东北一里。唐乾宁三年置，名'护境'。皇朝大中祥符元年改今额。"广德王祠，同卷曰："东海助顺孚圣广德威济王庙，在县东北五里。皇朝元丰元年左谏议大夫安焘、起居舍人陈睦，奉使高丽还，十一月请建庙。敕封渊圣广德王。崇宁二年赐额崇圣宫，大观四年加封'助顺'二字，仍建风、雨二神殿于左右。宣和五年又加'显灵'二字。封风神曰：'宁顺侯'。雨神曰：'宁济侯'。"当三副舵被折时，徐兢记载曰："与同舟之人断发哀恳，祥光示现，然福州演屿神亦前期显异。"则徐兢感知的是福州演屿神显灵。福州演屿神，宋代人梁克家撰《淳熙三山志》卷八有记载，曰："昭利庙，东渎越王山之麓。故唐福建观察使陈岩之长子乾符中黄巢陷闽。公睹唐衰微，愤己力弱，莫能兴复，慨然谓人曰：'吾生不鼎食以济朝廷之急，死当庙食以慰生人之望。'既殁，果获祀连江演屿。本朝宣和二年始降于州，民遂置祠今所。五年，路允迪迫使三韩，涉海遇风，祷而获济，归以闻。诏赐庙额'昭利'。"昭利庙，《宝庆四明志》卷十九《定海县志·神庙》曰："昭利庙，县东北五里。宣和五年侍郎路允迪、给事傅墨卿出使高丽，涉海有祷，由是建庙。毁于兵，绍兴五年重建。"

当然，"妈祖显圣"于路允迪船队，非凭空捏造，否则宋徽宗又何以在路允迪回国一个月内赐庙额"顺济"呢？可能是如《廖记》所载：路允迪"因诘于众，时同事者保义郎李振，素奉圣墩之神，具道其详。还奏诸朝，诏以'顺济'为庙额"。当时同在第一条船上之李振，"素奉圣墩之神"，感知、告诉的是"妈祖显圣"，因奏于朝。《四如集·圣墩顺济祖庙新建蕃釐殿记》记载："赐'顺济'始于何时，妃护夕郎路公允迪使高丽舟，国使李公振请于朝也。"

再则由于楼钥的《兴化军莆田县顺济庙灵惠昭应崇福善利夫人封灵惠妃制诰》中也讲道："护鸡林之位。"鸡林，古新罗国名，又往往用作高丽的同义词。从祈求、感知的对象不一来看，此时之妈祖犹未获得独步海上之地位。从《廖记》借钦赐庙额之机添上"八而覆其七"，并"有女神登樯竿为旋舞状，俄获安济"渲染之后，"圣墩之神"就名扬四海。《廖记》之功，可谓大也。莆田黄公度《知稼翁集》卷上《题顺济庙》诗曰"枯木肇灵沧海东，参差宫殿崒晴空。

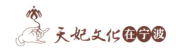

宁波湾之一

平生不厌混巫媪，已死犹能效国功。万户牲醪无水旱，四时歌舞走儿童。传闻利泽至今在，千里桅樯一信风"，也记叙了这一史实。

（二）楼钥制诰："顺济"夫人晋升为"灵惠妃"

宋徽宗宣和五年（1123）八月，传称因路允迪出使高丽遇海难妈祖显圣，使得座船得以幸免，于是宋徽宗给莆田县神女祠（妈祖庙）赐额"顺济"（据《宋会要辑稿·莆田县神女祠》）。以后因妈祖在救灾、缉匪中显灵，朝廷就不断给以封赐。❶高宗绍兴二十六年（1156）十月，因为郊祭大典，封为灵惠夫人。绍兴三十年（1160）十二月，又因海寇骚扰，妈祖显灵，刮大风卷走海寇。州府向朝廷奏明此事，

❶ 参见周金琰.湄洲妈祖祖庙祭典及其当代意义研究［J］.世界宗教研究，2015（5）.

加封"昭应"。按照《宋史·礼志》的记载:"妇人之神,封
夫人,再封妃。其封号者,初二字。再加,四字。如此则赐
命驭神,恩礼有序。"也就是说:第一次封赐用两个字,即
"灵惠夫人"。以后加封,在两个字的基础上再加两个字,就
是"灵惠昭应夫人"。以后再封,每次递加两个字,这样才
"恩礼有序"。孝宗乾道二年(1166),福建时疫流行,在白
湖的妈祖祠旁,掘开土坎,就有甘泉涌出。用涌出的甘泉治
时疫,"朝饮夕愈"。因此奏闻朝廷,乾道三年(1167)正月
加封为"灵惠昭应崇福夫人"。淳熙十一年(1184),福兴都
巡检使姜特立追捕温州、台州海寇,祈求妈祖保佑,全部擒
获,于是就晋封为"灵惠昭应崇福善利夫人"。

这些封赐依然在"夫人"范围内,而且封赐为"夫人"
的文件,没有一份传承下来。至楼钥起草的一份制诰,妈祖
的身份才得到根本性的改变,即从"夫人"晋升为"妃"。
十分有幸的是楼钥起草的制诰文件,因《攻媿集》的传世而
保存了下来。史载:"淳熙甲辰(1184),民灾,葛侯郊祷
之;丁未(1187)旱,朱侯端学祷之;庚戌(1190)夏旱,
赵侯彦励祷之。随祷随应,累其状闻于两朝,易爵以妃,号
'灵惠'。"(《咸淳临安志》卷七十三《顺济圣妃庙记》)在
"绍熙三年(1192)改封灵惠妃"。"灵惠"是第一次封夫人
时的封号。这份制诰,就是楼钥起草的《兴化军莆田县顺济
庙灵惠昭应崇福善利夫人封灵惠妃》,制诰曰:"敕。明神之
祠,率加以爵;妇人之爵,莫及于妃。倘非灵响之著闻,岂
得恩荣之特异。具某神,壶彝素饬,庙食益彰。居白湖而镇
鲸海之滨,服朱衣而护鸡林之使。舟车所至,香火日严。告
赐便蕃,既极小君之宠;祷祈昭答,遂超侯国之封。仍灵惠

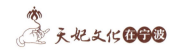

之旧称，示褒崇之新渥。其祇联命，益利吾民。"

意思是说，神女之封爵，没有达到"妃"的品位。这次夫人之晋妃，是特例。并说"妃"之封赐，超过了"侯国之封"，即大于诸侯之地位。制诰文对妈祖的形象，又添上一笔重彩，曰："服朱衣。"据下文"而护鸡林之使"，则在当时反映到朝廷的是：出使高丽遇风灾，看到妈祖显圣，服的是"朱衣"，出入于碧海蓝天之间，形象鲜明，色彩艳丽。

三、宁波湾的历史传说

（一）天妃下凡：东海龙王大女儿

在今天的宁波湾流传着一个美丽的传说，即东海龙王大女儿下凡于此，在此沐浴游乐，护航佑民，扶危济困，并上岸居住，繁衍子嗣，与民同乐。东海龙王大女儿之所以选宁波湾为游憩地，主要是基于宁波湾清澈的海域和周边优美的居住环境。

（二）天妃文化：平安文化的代表

宁波湾文化底蕴深厚。湾区内被赋予了"天妃平安文化、船帮渔俗文化、长寿生态文化、浙东民俗文化、红色经典文化"等五大文化特色。湾内还有缸爿山海岸湿地（木槿）保护区和横江生态湿地（鸟类）保护区。

天妃文化是宁波湾最核心的文化特色资源。湾区中内海面积为6平方公里的"天妃湖"是传说中龙女居住的地方，是天妃海神娘娘的平安文化发祥地和"东海福地文化"的起源地。

浙江东部民俗文化

（三）天妃宫：天妃文化传承殿堂

与上述传说、文化相呼应的是宁波湾的天后宫和天妃宫。

在历史上奉化地区共有 4600 多座神庙，主要分布在负山滨海的象山港沿海一带。其中，在"天妃湖"背面的裘村镇应家棚村西南的山岩碶和海埠头，就有两座天后宫。另外，在湖头渡村长岭山顶是长岭烽火台遗址，该烽火台遗址往东是象山港口部，大小山岛不规则排列，西靠朝北山，东南山脚为浙江船厂，北为五百呇村，其下 10 余米为天后宫。该烽火台南向呈长方形，长 9 米，高 3.5—4 米，四周全用石砌，台上中心有凹陷处，用以燃烽火，直径 1.5 米，可为清代海防史研究提供实地资料，十分珍贵。

明代宁波天妃宫的修建见于记载的有两次：一次是洪武三年（1370），中山侯信国公汤和统帅四明，为感谢天妃助

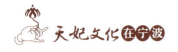

阵之力，奏请重建祠庙，历朝护佐漕运褒封二十四诏制。❶
指挥张理继成之。另一次是天顺五年（1461）知府陆阜命屯
奉沉祚重修并建寝殿。重修的目的也与漕运相关。这时的漕
运已以"河运"为主，海运较少。许多漕商仍在宁波经营，
也有的放弃本业依赖会馆发展其他产业，继续修建天后宫传
播妈祖信俗，但规模远不如元代宏大。在明代实施"海禁"
后，沿海百姓支持朝廷与戚继光抗击倭寇，地方志书内有妈
祖庇佑官军"清海隅"和抗击"倭寇犯岸"的事迹和民间传
说记载。

❶ 参见新修鄞县志［M］. 卷 12 至卷 13，清光绪三年（1877）刊本。

第三节　天妃文化在宁波的本地化传播

南宋建都临安，明州成了京畿之地，当时国际交往、沿海贸易，都要通过宁波港，宁波港成为全国的中心港、物资中转港。去日本、高丽的船只多在宁波放洋，碰到风调潮顺，二天三夜即可到达长崎岛；浙东运河船只猛增，宁波造船业也相应发展，宁波城内商人云集，南帮、北帮、海运、漕运呈现一派兴旺景象，这就为妈祖信仰的传入奠定了社会基础，而福建商帮在宁波发迹又为妈祖信仰传播起了媒介作用，扩大了信仰群体，宁波共有八座天后宫，群体庞大。

一、以海运商团为主体的天妃文化传播

宁波天后宫的兴建始于明中期，盛于清中晚期。❶据考证，位于舟山定海（时属宁波）县治南的"天妃圣母祠"，是宁波本地人所建造的第一座天妃宫，建成于明万历年间（1573—1620）。

"甬东天后宫"，又称"庆安会馆"，建成于清咸丰三年（1853），是甬籍舶商（即"北号"）所建规模最大、最为著名的天后宫。其南侧另有清道光年间（1821—1850）甬籍南

---

❶　参见黄盼盼，胡佳红，何建兵.妈祖文化在舟山的传播及分布格局［J］.浙江海洋学院学报·人文科学版，2011（1）.

舶商首建的天妃宫

洋舶商（即"南号"）所建的"安澜会馆"。两会馆成为宁波天妃文化传承与交流的主要场所，也是当今天妃文化的重要传承与创新基地。

庆安会馆之二

安澜会馆

二、以沿海渔民为主体的天妃文化传播

宋代以后，宁波海域岛上的渔民众多，海上出行频繁，宁波地区出现了大批天妃庙。据统计，当时宁波地区有各类天妃庙40多处，主要集中在镇海、象山、宁海等靠海的县。

天妃信俗与宁波当地的乡俗俚规相结合，形成了具有宁波地域特色的海事民俗文化。清初宁波人包燮《江干竹枝词》写道："天妃宫里鼓声多，时见游人逐队过。"此诗反映了宁波天妃宫庙会吸引来许多游人，天妃春、秋两祭，规模宏大。

据记载，宁波舶商在出海前，往往到天妃宫烧香祈祷，并将香灰带上船。出海后，如遇风浪，便将香灰撒出去，祈求风浪平息。在拔锚起航前，船工、舶商都会默念"顺风得

古代渔船模型

利转出去，一本万利转屋落（家里）"，希望能带来平安和好运。象山石浦东门岛的渔民在出海捕鱼前，都要到岛上的天后宫进香，并将天妃神像请到渔船上，希望天妃保佑，平安归来，鱼货满舱，这个风俗一直沿袭至今。❶

宁波"中国第一渔村"是天妃文化传承与发展的重要载体。桐照渔村是宁波市的众多的村落之一，位于宁波奉化市东南，象山港北岸。据《奉化市志》记载，五代时已有桐照之名。莼湖镇桐照村由来："后山名高梧，山上梧桐繁生，枝叶对照映辉"，故名桐照。桐照远在宋明时期就已经作为渔村存在，一直延续至今。由于渔业经济发达，2010年1月，中国渔业协会正式授予桐照"中国第一渔村"称号。这里的居民世世代代以渔业为生，创造了灿烂的渔业文化，天妃显灵的传说和祭祀仪式与这里的生产生活已经深深地融合在一起。

中国起源地文化志系列丛书

---

❶ 参见苏勇军.浙东海洋文化研究［M］.杭州：浙江大学出版社，2011.

奉化区

三、天妃文化与妈祖文化、菩萨文化的融合与发展

天妃文化与宁波当地民俗和妈祖文化、菩萨文化、龙文化等不断融合，成为渔民保护神文化的重要组成部分，通过祭祀、建筑、服饰、美食、文化娱乐等形式在社会各个层面都有所表现，并已经深深地扎根在当地居民的生产、生活实践中，成为当地平安文化、祈福文化、和谐文化、积善文化的重要源头。❶

（一）天妃和妈祖共同成为渔民出海祭奠的神灵

在古代，我国东南沿海渔民有着由神灵来定夺出海时间的习俗，该习俗起源可追溯到河姆渡文化。从河姆渡文化遗址挖掘出来的"双鸟舁日"的象牙蝶形器和被专家命名为

❶ 参见陈国灿，鲁玉洁.南宋时期圣妃信仰在两浙沿海的传播及其影响［J］.浙江学刊，2013（6）.

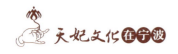

"羽人竞渡"图案的铜钺,都是越人出海所用的祭祀物品,由此可以断定,古越人已在5000多年前开始举行隆重的海洋祭典活动。现如今,江苏、福建、浙江三省沿海渔民每年春节后的第一次出海时间也是要靠占卜来选择的。一般情况下,出海捕鱼前,渔民都到天后宫进香,祭祀海神,求问出海时机,祈求海神保佑平安、丰收。

祭祀海神活动

据史料记载,先秦时期,我国东南沿海渔民就能远航到东部深海进行捕鱼。为了提高生活质量与收入,广大渔民"宿夜不出"。明代,形成浙江东海舟山渔场、福建东海闽中渔场与广东南海潮汕渔场三大渔场。在诸多渔场中,舟山渔场鱼类资源相对于其他渔场为优,受到福建渔民的青睐。

明代董应举的《崇相集·护渔》记载,"鱼自北而南,冬则先至凤尾。凤尾在浙直外洋,故福、兴、泉三郡沿海之渔船,无虑数千艘,悉从外洋趋势而北。至春,渔乃渐南,闽船连同浙船亦渐归钓"。从福建到浙江凤尾洋面需要多日时间，并且一路上风雨莫测，极其惊险，能捕获多少鱼也是未知。为了平安、多捕，渔民极其重视渔汛期出海前对海神的祭祀。据记载，"要从神庙（即妈祖庙）中将香火带到船上"的神龛，且"渔家要备三牲、带香烛、金箔、鞭炮等到海滩上设位祭神，由船主点香跪拜，祷告神灵恩泽广被，顺风顺水，满载而归。接着焚烧纸钱，鸣炮喧天……渔船缓缓驶向大海"。此习俗也因地区而异，晋江渔民在祭祀典礼后，要驾驶着渔船到妈祖庙前海面上行驶一圈，才能正式出海捕鱼；有的地区渔船出海远航前，必须到灵慈宫祭祀。每年除春汛外，福建沿海渔民近海出航，夏、秋、冬汛也要举行祭祀神灵活动，祭祀仪式基本与第一次相同。

据屈大钧《广东新语》卷六《海神》记载："天妃神灵尤异……其祠在新安赤湾，背南山，面大洋……凡济者必祷，谓之辞沙。以祠在沙上故云。"引文中的"济者必祷，谓之辞沙"指的是明清时期，汕头渔民出海打鱼前要祭拜妈祖，渔船行驶到外海口妈祖屿时，还要上岛祭拜妈祖庙。祭拜仪式进展顺利，则被渔民视为好兆头，若一旦出现不顺，就必须采取补救措施。古时，舟山群岛渔民在船出海前要先点蜡烛和焚香祷告，若烛火被风吹灭，就表示海上风大不宜起航，如果第三次被风吹灭，就表示开船不利，接下来要举行祭祀活动，请求海龙王宽恕，这也是衡量出海安全系数的重要因素。

浙江渔民将一年分四个渔汛期，亦即"四水"。每个汛期出海前都要祭祀海神，其做法也因地而异。宁波（象山）渔船出海前，先上香拜菩萨，并供以酒菜。由船老大向"娘娘菩萨"参拜许愿，祈求捕鱼丰收。舟山群岛每一渔汛首航，都要举行隆重的祭海仪式。祭海时渔民备三牲礼品，此

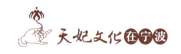

时，妈祖已经被认为是观音派遣下凡的龙女。至此，神女、龙女、妈祖、天妃等已经融为一体，成为人们心中信仰的保护神。现在象山石浦举办的每年一届的"中国开渔节"上，还朗读祭海诗文，祈祷海神保佑平安。

（二）天妃文化和妈祖、龙王等海神文化深度融合

海上渔业生产相关的人事安排，渔民们多请海神决定。渔船出海前必须选定船老大，出远海尤其如此。船老大的选择，除独资造船渔民由自家人充任外，都要求任者必须有丰富的海上生活与渔业生产经验，由造船出资人选举或直接雇佣充当，但船老大选定后一般会再"占卜"，请海神决定。

福建惠安崇武小岞村船老大一般要选有丰富的海上渔业生产经验、有一定威信者，如遇数人条件相当，就要到妈祖庙"卜杯"求神决定，以连续两次卜得"信杯"者当选。如果渔业产量长期不高，渔民们也会去妈祖庙"卜杯"，改选船老大。小岞村渔民出海前还要举行"消度"仪式，不仅举行仪式的时辰要由海神妈祖决定，且仪式中一些事务参与人选也要由妈祖决定，其主要方式是抽签或卜卦。这种民俗信仰一直保留到民国期间。

上述内容所提到的"占卜"活动，都在航行之前进行。在海上捕鱼时，具有极大的偶然性，有的时候满载而归，有的时候空仓而返，渔民会有一种被神灵支配的感觉。捕到更多的鱼就能够获得更多的财富，从而提高生活质量，这是每个渔民的愿望。

值得注意的是，出海"占卜""祭祀"的习俗正悄悄地在浙江、福建、广东东部沿海逐渐恢复。浙江舟山渔民在近

海潜水采集淡菜、海螺前也要进行祭祀，每年八九月采集旺季，为了平安丰收，要举办"开金秋"祭祀。同时在海礁上摆上供品，祈祷海神保佑护航。祭祀时，渔民口中要轻声念唱相应的祈祷词或仪式歌，福建东部沿海和广东东部沿海渔民大部分都有这样的习俗。❶

张曲楼在《官井捕鱼说》写道："吾乡渔利，以马鲛为最……每小满前数日，群鱼由外洋相率入官井卵育，以水暖浪小，鱼苗可保也。吾乡人于是早预绀缭，傍晚开艚。先于本洋放绀，每潮收放二三次，夜出早归，洋头四五日，俟潮大则驶往官井捕取，名曰'下洋'。先以香烛往天后宫接香火，祀于艚之中仓，后备薪米及一切用物。黄昏炊烟横斜，各艚驶至天后宫前，焚烧楮帛，鸣金放爆，庙祝亦鸣鼓以送之。然后转舵张帆，直驶而下，五十余艚同时并发……及到官井，先寄碇仙人瓦待潮，早后放绀……月轮满天，鱼帜飘扬……收网停泊，得鱼盈舱。"这清晰表明沿海渔民在出海前要到天后宫祭祀妈祖，其目的在于祈求妈祖保佑海上捕鱼平安，多捕鱼。

在古代，东南沿海渔民还用焚香占卜了解鱼群信息，并请求神灵指点可否出海捕鱼。清代史书《呡闻录》记载："渤海有鱼，厥名曰鳅。鳅之大，不知其几千丈也。逆而来水击数十里，怒而去潮吸数十丈……其来也无形，其去也无踪者，从何以窥，客曰：子不知夫沿滨海若，灵于内地神祇乎。当春夏之交，渔民虫胥集于庙，焚香祷祝，掷筊而知其来，又必筊卜可捕，以为神之许也，则捕之。"从文中可见，由于"其

---

❶ 参见黄莺.舟山渔民祭海习俗研究［J］.广西大学学报·哲学社会科学版，2009（S2）.

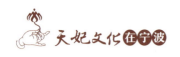

来也无形，其去也无踪"所描写的鳅鱼（即鲸鱼）不易捕捉，渔民捕鳅要在海神庙"焚香祷祝"，求神灵明示，了解鳅是否会来。鳅来后，又要通过占卜来请示神明是否能进行捕捉。

祭海神等仪式仅仅表达渔民们的平安、丰收愿望而已。天有不测风云，渔民在捕鱼作业过程中难免遇到不顺利的事。在捕鱼过程中一旦遇到不顺利的事情，渔民们则立即举办祭祀仪式进行补救。江苏、浙江两地的渔民把盐和米洒在海面上，点燃干稻草，待冒出青烟后向四周挥舞稻草，以用来去凶辟邪。

总之，天妃文化融合了妈祖、龙王等诸多海神文化，表达了人们对美好生活和健康平安的向往。

（三）天妃文化与观音菩萨、关公等海神文化深度融合

明清时期，大多数渔民在渔船上设立神龛，以便供奉海神。渔民在远洋作业时充满危险，在出海前将海神请入渔船神龛中供奉，以求保家、护航、丰收，如在远航期间遇到海神的诞辰、"成道日"等，舟山群岛的渔民要按照习俗在船上如期举办祭祀活动。福建沿海的渔民渔船上设有神龛，渔民出海航行时往往带上香烛纸钱，以备祭祀使用。

在海上遇到恶劣天气与大风大浪情况时，渔民们通常情况下会跪拜在神龛前烧香祭拜海神，来祈求神灵保佑平安航行。宁波象山的渔船，远出重洋捕鱼时在船上设"迎风旗"，一旦风向异常变动，全船人员立即跪在船上所设的天妃神龛前，祈求天妃保佑平安。

渔民在海上的祭祀活动，大都在神龛前进行，由于地域文化差异，渔船神龛中供奉的神灵虽都与海洋相关，但也有略微不同。浙江沿海及其岛屿的渔船神龛，大都供奉妈祖、

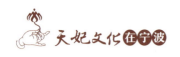

天妃文化在宁波

036
中国起源地文化志系列丛书

天妃娘娘，也有供奉的海神称"船菩萨""船关老爷"等，有极少数渔船供奉观音菩萨。笔者为此曾调查过舟山渔村，对其多元神现象请教有经验的"船老大"。他的回答是这样的：渔船上神龛供奉的海神，大都是历史上渔村信奉的神灵，有些经历史验证过是有灵验的、由上辈人传下来的。舟山群岛居民和渔船的情况比较复杂，许多渔民与渔船都是外地人，来此打鱼后定居下来的。有人居住的岛屿中，岛岛有岛神，有的一岛一庙，有的一岛数庙，所供祭的岛神有相同的，也有某个小岛所独有的。如其中的嵊泗列岛，天后既是护岛神，也是护船神。渔民不仅在岛上建天后宫，供祀天后娘娘，而且在船上也供奉天后，尊为船菩萨。他认为，关帝与天后一样，也是护船神。渔民在岛岸上建"关圣殿""关帝庙"供祀关公，在船上供奉称为"船菩萨"，俗称"船关老爷"，也和妈祖一样是航海保护神。其他区域也有类似这种状况。

可见，天妃文化已与妈祖、观音菩萨、关公等文化融合在一起了，共同保护着渔民，成为人们心中的航海保护神。

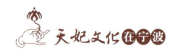

第四节　天妃文化在宁波传播的特点

　　天妃文化自两宋间传入宁波，主要由于同源于越文化的城市地域文化精神相同和闽浙地理位置的近邻优势。原始妈祖信俗最初由闽越海捕捞渔民在浙东渔场中传播，自宋徽宗赐妈祖"顺济夫人"匾额后，开始在宁波更为广泛地传播。南宋绍熙二年（1191），在宁波城内出现由福建舶商所建的天妃宫，以天妃宫（清为天后宫）为主体的民间祭祀活动与宁波漕运、船帮、渔民、"海上丝绸之路"、"宁波帮"商人等相关活动联系日渐紧密。加上东海龙王女儿下凡，保驾护航，护佑人民的故事广为流传，逐渐形成了宁波湾独具特色的"天妃平安文化"。

宁波湾之二

一、皇帝敕封使妈祖的海神地位在宁波确立

宁波古称"明州"，因优越的地理位置成为运河和海上丝绸之路的交汇点，也是东西方文明对话的海上丝绸之路的核心港口。❶ 宋代是明州海外交通的全盛时期，明州对日本、高丽等国的贸易量居全国之首。日本等东洋国家到中国的船舶都集中于明州，中国到日本等国经商的船舶也以明州为集散中心。

妈祖首次获得封诰，源于北宋宣和年间从明州港出发的一次航海外交活动。北宋宣和五年（1123），宋廷委派路允迪、徐兢等人出使高丽，在明州建造两艘神舟和数艘客舟。路允迪在危难之时，"祈求妈祖保佑，安然以济"。回国后，路允迪向朝廷禀报了航海历险的经过，朝廷褒奖了此次航海的保护神妈祖。这起与明州（宁波）有关的官方首次对妈祖褒扬和倡导之事，使妈祖由民间区域性的神祇，晋升为全国性海神，开始受到官方重视，并首次获得封号。这是妈祖信俗发展向前迈进的关键性一步。官方认可和皇帝首次封赐，不仅大大提高了妈祖在人们心中的地位，而且将妈祖信俗推向了一个新的阶段。

因此，宋徽宗的首次封诰奠定了妈祖成为全国性海神的基础，从此，妈祖信俗传播更为广泛，宁波在其中起到了非常重要的作用。

---

❶ 参见赵育科，江怀海. 与海共生的浙东妈祖文化［N］. 中国海洋报，2016-10-20.

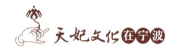

二、漕运使宁波成为天妃文化重要发展地

在科学技术落后的古代，航海运输充满了危险，受到天气、海况、航线及船只等多方面因素的制约，船翻人亡时有发生。为确保航海安全，人们只好祈求神灵的保佑。妈祖信俗给予航海者极大的精神慰藉和寄托，激励了航海者的勇气和胆识，在很大程度上促进了漕运和海外贸易的畅通，因此妈祖不断受到朝廷的赐封。

元代，为确保漕粮海运的安全顺畅，皇帝屡次下旨赐封妈祖尊号，并首次把妈祖升格为天妃，并遣专使祭祀，妈祖信俗的传播随之进入了一个空前繁荣的拓展期。

天历二年（1329），元文宗派遣集贤直学士兼国子祭酒经筵官宋本等人为"专使"，专程奉诏南下祭祀护佑国家漕运安全的天妃并向其致谢。此次祭祀十分隆重，精心选择了15个祭祀点，庆元（今宁波）作为通商和漕运的大埠名列其中。在祭文中，"襟江带海"一词道出了庆元港漕运大埠的独特优势，由此可见朝廷对庆元港的高度重视。朝廷在庆元设置了市舶司，并将温州、杭州、上海等地的市舶司陆续并入庆元，实行统一管理，庆元成为国家的重赋之地。正是庆元在漕运和海外贸易等方面的巨大贡献，促使朝廷对保护漕运和航海安全的妈祖恩赐有加，多次擢升。

综观宋至清朝廷对妈祖的封诏，可看出在元代发生了根本性的变化。宋时妈祖的封号不管是夫人还是妃，都不外乎"灵惠昭应崇福善利""助顺嘉应英烈灵惠显济嘉应善庆"等字眼，没有上升到利国护民的地位。而元代不同，从元世祖至元年间的"护国明著天妃"到顺帝至正十四年（1354）的"辅国护圣庇民广济福惠明著天妃",都有护国利民的赞誉。官方对妈祖从一般"崇福善利"的褒赞,到"护国庇民"的褒扬,反映了妈祖信俗在元代发生了质的变化。这种变化来自元代浙江漕运的特殊地位,首先肇始于宁波港。由于漕运由河运转为海运,上述所说浙江六路漕粮大都从宁波港启运至北方直沽。妈祖信俗来源于闽商,但上升到护国庇民的"天妃"地位,则归功于元代宁波海上漕运的兴盛。宁波天妃宫在元代的修建历史,也颇值得玩味。据文献记载:元代皇庆元年(1312)海运千户范忠暨、漕户倪天泽等复建天妃宫后殿廊庑斋宿所,造祭器。皇庆二年(1313)重建,延祐元年(1314)封妈祖为"护国庇民广济明著天妃"。天历二年(1329)加封"福惠",至今未毁。元代修建天妃宫的不是别人,一个是海运千户,一个是漕户,足以说明当时的妈祖信俗主要集中于海运和漕运的商人群体。不同于宋代的是,妈祖信众这时增加了漕运商人。北宋漕运的兴盛与其产生的船帮漕运文化,催生和扩大了妈祖信众群体。我们可以想象六七百年前,那些靠此谋生的人们于每次扬帆出海前在天妃宫里虔诚祈拜的身影。而这些身影里,特别惹人注目的,就是那些跑漕运的海商和漕工。这个群体出自利益的需求,大把花钱在宁波重修和新建天妃宫,为当地天妃文化的传播做出了贡献。

三、船帮文化为宁波天妃文化的兴盛推波助澜

北宋天妃文化传入宁波,与当地发达的造船业相关。北宋宣和五年(1123),给事中路允迪等从明州港(今宁波镇海)奉使高丽,途遇"海难"求祷于妈祖,得以济使顺归。

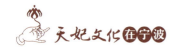

所率船队便由宁波官方船厂制造。据地方志史料记载："顺济"即为元丰元年（1078）宁波招宝山船场建造的一艘万斛大船的船名。两宋间随着明州港与东南亚、西亚各国与地区的通商贸易和文化交流，地方造船业与航海业迅速发展起来。宋时朝廷两次出使高丽，均诏明州府打造"万斛"神舟，技术工艺在当时世界居领先地位。1979年4月在城东海运码头清理中发现宋代海船一艘，引起了考古、造船、航海等专家学者的特别关注。该船有许多优点，特别是其创制的减缓船舶左右摇摆的龙骨，是世界上最早的先进装置，比国外领先7个世纪，已载入我国造船史册。出土的宋代海船尖头、尖底、方尾，是中国传统名船——浙船的代表。《宋史·高丽传》记载了宋神宗元丰元年（1078）遣安焘等出使高丽国事，"造两舰于明州，一曰凌虚致远安济；次曰灵飞顺济，皆名为神舟。自定海绝洋而东。既至，国人欢呼出迎"。后宋徽宗宣和四年（1122），朝廷遣路允迪及傅墨卿出使高丽时又诏明州造两艘神舟、六艘客舟，皆造于明州招宝山下的官办船厂。《四明谈助》中记载了此事。宋代舟船制作形式多样，装修设施丰富多彩。❶ 史载南宋高宗赵构为金兵追杀逃至明州，"集得千舟，得以出海"，说明当时明州港已舟船云集、千帆逐波。所制的皇帝、官员乘坐的楼船、客舟都相当考究。在南宋时期，明州港在北宋官方造船业发展的基础上，民间的造船业也获得进一步的发展。仅明州府下昌国县，年生产舟船即有3328艘。

宁波造船业的发展与兴起，有其历史上"甬人以海谋

---

❶ 参见袁晓春.代表国家出使海外的宋朝神舟长啥样［N］.深圳晚报，2016-10-20.

食"的因素，但主要是秦、汉以来特别是京杭运河开掘后漕粮运输和对外商贸"海上丝绸之路"发展的需要。在唐代往来日本、高丽及东南亚的张友信商团就驾宁波制造的"唐船"称霸于海上。历两宋后，"海上丝绸之路"转入后期，对外商贸的官船需要量减少，随即而兴起的是历元、明、清三朝的宁波"船帮漕运文化"，其在天妃文化于浙东发展传播过程中发挥了很大作用。中国古代的漕粮海运以元朝为最盛，制度也最完备。❶漕粮海运虽非始于元代，如明礼部右侍郎丘浚所言："秦以欲攻匈奴之故，致负之粟，输北河之仓，盖由海道致入河也。"但当时效果并不明显。中国历史上向有"南粮北上"朝廷征税赋之制，自隋朝开通南北运河后，多为"河运"。唐代也只在战争年代，河道阻塞，才转而启用海运，"渡海军粮皆贮此"。

宁波的海运船帮文化，维持了很长时间。至明代朝廷实行"海禁"，宁波港才失去宋、元时代的繁荣局面。我国历史上轰轰烈烈的"海上丝绸之路"，似乎在明代郑和七次下西洋的高潮后，被画上休止符。但朝廷仍在宁波设立"市舶司"（称"提举司"），指定宁波港成为钦定与日本"勘合贸易"的唯一港口。所谓"勘合贸易"，就是准许"藩邦"以朝贡的方式到大明贸易，朝廷一直给予赏赐。但这种方式也因嘉靖年间"倭患"而废止，包括"市舶司"，在明朝的 270 余年间被关闭 60 多年。后虽恢复，然景象已不如宋、元时期宁波港海上贸易繁荣。尽管如此，民间的"非法"贸易仍

---

❶ 参见刘璐.千帆竞渡：清代漕运的河海转型探究［D］.青岛：中国海洋大学，2014.

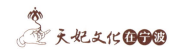

未终止，据嘉靖《东南平倭通录》云："当时浙人通藩，皆自宁波定海（现镇海）出洋。"集结在"走私贸易基地双屿，有中外商人万余人，停靠船舶千余艘"，"为倭夷贡寇必由之路"。又载：嘉靖二十四年（1545），有海商王直率"海舶一千余艘，到日本博多津招诱倭助、才门等，来双屿走私贸易，次年倭商更多……"据葡萄牙人品笃❶在《远游记》中记载：他们在"六横岛（双屿）上建立屋舍上千座，设天主教堂二所，还有旅厅、医院等，岛上有长住居民 3000 人，其中葡萄牙人 1200 人，余为西洋和南洋各国商人、华人，还有黑人……"可想当时生意仍然兴隆。

四、渔业文化是宁波天妃文化发展的天然沃土

自古"甬人以海谋食"，天妃文化满足了当地渔民护航、保佑、救灾的心理需求，天妃文化从诞生起便已深入乡村、海岛，渔民信众纷纷立庙祭祀。清代中后期，天妃信俗已被宁波民众广泛接受，建庙祭拜渐成风气。据初步统计，宁波地区历史上有各类天妃庙宇 130 多处，主要集中在镇海、象山、宁海等沿海地区。慈溪市观城镇有一个天妃宫村，因为村中建有天妃宫，周围附近的村民常来拜祭，久而久之，村庄就更名为天妃宫村。天妃文化在宁波的遍及程度，由此可见一斑。

宁波天妃文化与当地民众赖以为生的渔业文化密切相关，渔业文化是天妃文化传播和发展的天然沃土。

---

❶ 品笃，今译作平托。

五、"海上丝绸之路"促进天妃文化海外传播

宁波（明州）是我国历史悠久的古港口，地处东海之滨，乃海道辐辏之地，是"海上丝绸之路"的起点和通道。

宁波"海上丝绸之路"兴起于上古时期，可追溯到7000年前的河姆渡文化。古句章港的形成，使宁波开拓了海外贸易，带来了西方胡人、印度高僧和海外船舶商，促进了当地经济文化交流。至唐代，宁波港口贸易进入发展时期。新航路的开通，为宁波发展海外贸易提供了条件。同时，造船业的崛起，使水上贸易活动活跃起来。以唐代明州张友信为代表的造船家，在中国航海史上被公认为我国古代著名的造船家、航海家。海外贸易的发展推动了以宗教传播为中心的文化交流。两宋是我国"海上丝绸之路"的繁荣时期，当时朝廷十分重视海外贸易，专门设立了管理海外贸易的机构——市舶司。造船业的发达，使宁波成为全国制造海船的重要基地。宋神宗元丰元年（1078），朝廷为出使高丽，让明州打造万斛船两艘，赐号为"凌虚致远安济神舟"与"灵飞顺济神舟"。宋徽宗宣和五年（1123），朝廷又诏明州造两艘更大的神舟，名为"鼎新利涉环远康济神舟"与"循流安逸通济神舟"，出使高丽。新航线的开辟，使宁波（古明州港）成为通向日本、高丽的特定出入口岸。北宋期间，明州至海外的航线主要以通往日本与高丽为主。明清时期，由于朝廷的"海禁"政策，使"海上丝绸之路"逐渐由盛转衰，走向低谷，但民间的海外商贸交往仍趋频繁。宁波作为我国"海上丝绸之路"的始发港，在开拓、发展"海上丝绸之路"的同时，妈祖信俗也随之传入。

在宋代妈祖晋升为"妃"的第二年，宁波就建立了第一

座天妃宫。元人程端学在《灵慈庙记》中记载：南宋绍熙二年（1191），有福建船商沈法询，因"经南海遇风，神降于舟以济，遂指兴化分炉香以归，见红光异香满室，乃舍宅为庙址。"这是宁波第一座天妃宫，位于现东渡路与江厦街交叉处，此庙已于 20 世纪 40 年代毁于战火。❶ 宋代此址为航运码头，是船商活动的中心。宁波是元代漕粮海运航线上的重要港口。因此元代时，朝廷对保护漕运安全的天妃特别崇敬。

元代宁波属庆元府，庆元港的地位变得更为重要。此时"海上丝绸之路"尚留余韵，元代海外商贸基本继承两宋的传统，开拓了东南亚与非洲乃至欧洲的航线。当时欧洲已开始强盛起来，来中国做生意的西洋商人很多。马可·波罗两次到宁波，赞叹宁波是个"具有魔鬼般美丽的东方鹿特丹港口"。由于元代对外采取宽容的贸易政策，大宗海上贸易逐渐由官方转向民间。元代的对外贸易港口，以泉州、广州、庆元三处最为重要。而浙东的庆元港又是我国对东洋（日本和高丽）贸易的主要港口，同时又是开展与西洋贸易的集散之地，大宗西洋贸易的船舶由此进出，元人曾有诗叹道："是邦控岛夷，走集聚商舸，珠香杂犀象，税入何其多。"

天历二年（1329），元帝遣使祭庆元天妃庙。此时宁波已建有天妃宫数座。据《镇海县志》记载，镇海于元至正十六年（1356）在招宝山建造天妃宫。清代"开禁"后，宁波港口贸易得到持续发展，妈祖信俗的传播也达到鼎盛时期；宁波在此时期，共建造了大大小小的天妃宫、天后宫、

---

❶ 黄盼盼，胡佳红，何建兵.妈祖文化在舟山的传播及分布格局［J］.浙江海洋学院学报·人文科学版，2011（1）.

妈祖庙 40 余座。如甬东天后宫（庆安会馆）、安澜会馆、福建会馆、慈溪观城天妃宫、慈溪胜山娘娘庙、象山东门岛天后宫等。随着天妃宫和妈祖庙的相继建立，妈祖信俗及天妃文化的传播和发展得到了进一步的促进。

妈祖信俗及天妃文化对我国"海上丝绸之路"的发展和中华文明的传播，有着重要的作用和影响，而"海上丝绸之路"也进一步促进了天妃文化在海外的传播。

六、"宁波帮"文化与天妃文化完美交融

宁波帮，主要指宁波本地舶商。他们往往经营范围较大，有的又是远洋航运，经济实力比较雄厚。这其中最典型和最有影响的是宁波的"南号"与"北号"。

南、北号舶商的兴起，极大地推动了天妃文化的传播。清代中期，南、北号舶商纷纷建立航运商帮会馆，这些会馆与天后宫合为一体，其中最著名的当属北号舶商创建的庆安会馆和南号舶商创建的安澜会馆。庆安会馆占地 3900 平方米，是浙江省现存规模最大、保存最完整的天后宫。安澜会馆建筑形制与庆安会馆基本相同。两个会馆整体建筑规模宏大，气势雄伟，构造独特，工艺精湛。每逢旧历天妃诞辰和升化之日，都要举行盛大的祭祀活动，成为弘扬天妃文化的主要场所。

宁波在历史上是以海运业为基础发展起来的城市，其祖根文化是东方原始海洋文化。早在 7000 多年前，河姆渡人就会制"筏"下海捕捞。至周代，越人已可驾舟"往若飘风"。历经唐、宋两朝，以张友信商团为代表的"唐船"飞驰在太平洋海面，揭开了中国通往世界"海上丝绸之路"的帷幕。一

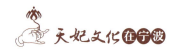

部宁波城市的历史，几乎就是航海商贸史。这种地域文化因素，流淌在商人的血液中并植根至骨髓中。因此近代"宁波帮"的孕育与崛起，并不像表象上显示的以鄞县、慈溪两县商人在京设立会馆为标志，其实可以追溯到元末明初乃至更早。

宁波商帮在孕育与发展过程中，有意或无意地承袭了天妃文化内涵及精粹，并使之转化为商帮核心的文化精神。昔日"宁波帮"泛指原宁波府属的鄞县、镇海、慈溪、奉化、象山、定海六个县在外地的商人、企业家及旅居外地的宁波人。众所周知，在北宋初年由越人创塑与中原文化共融的天妃文化，它的内涵是东方原始海洋文化。在历经千年发展的历史长河中，无论它的文化外延如何变迁，其核心理念——信守祖根文化的开拓精神却是永远不变的。历史上天妃文化作为东方原始海洋文明的内涵，它的发展与传播，始终与我国东南沿海地域文化结合在一起。与内地商人不同的是，宁波商帮由于拥有城市祖根文化的开拓精神，才使它成功发展并走向世界。

综观宁波商帮孕育、发展、持续的过程，我们得出弘扬开拓城市祖根文化的三个结论：一是近代宁波商帮是在中国社会形态由中原黄土文明向蓝色海洋文明转变，在东西方经济文化交融中孕育而成。二是宁波商帮在世界经济文化格局嬗变中，率先开拓成为国内著名商帮。三是宁波商帮体现出来的城市地域文化精神，促使宁波籍商人发展壮大而走向世界，成为地域祖根文化的信守弘扬和持续开拓者。

某种程度上，"宁波帮"所展示的诚信、务实、和义、互助、慈善等文化内涵与天妃文化所展示的平安、慈悲、安民、卫国等核心理念在本质上是一致的，并与"宁波帮"商人所主要从事的造船、海运、海洋渔业、海上贸易等活动所祈祷的平安、团结、行善等理想也完美交融。

（一）"与大海结缘"的信守、务实精神

宁波商帮亦可称为越商。从 7000 年前的河姆渡文化开始，越人就与大海结下不解之缘。在宁波出土的文物例证有三：一是创造了早于西方世界《圣经》中传说的"诺亚方舟"几千年的独木舟——"筏"，说明当时人驾舟出海，以渔捕食。二是其"双鸟舁日"的氏族图腾标志。三为"羽人竞渡"铜钺反映的原始祭祀海神的场景。这三件出土文物的年代均在公元前，而且以船为主体，与后来开拓的海洋经济直接相关。宁波人跨海经商最早可追溯到春秋晚期，史载越王勾践"卧薪尝胆"十年，雪耻兴起，"三千越甲能灭吴"后，曾在现山东琅琊占有一块小小的地，在越地与鲁地"贸易经商""互通商贸"。范蠡避祸"下野"，曾与西施往来南北经商。现宁波市东钱湖"陶公山"尚留遗迹，可视为宁波人经商最早的例证。近代宁波商帮尊范蠡为"商圣"就源于此。

越地祖根文化由于历史原因，在中国封建社会朝代的更替中，与中原黄土文明共融乃至湮灭于历史尘埃中，但不能认为是越文化的消亡。作为宗主区域的文化，包容和兼容外来的文化；在几个文化区域的交汇地带，形成兼具几种地域文化特点的特色文化，是地域文化自身发展与向前推进历史的必然。❶ 这段时期（最有代表性的应为唐、宋两朝），华夏文明与西方外来文化的交流，大致有两个途径：一是经"河

---

❶ 王竞野.浅谈地域文化在城市广场景观设计中的应用分析［J］.美与时代·城市版，2015（9）.

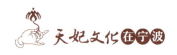

西走廊"的陆上丝绸之路。这条通道从西汉时期已经开通，记载大汉民族与匈奴交往的例证有"苏武牧羊"和"卫青西征"等。二是稍为晚些的"海上丝绸之路"，始于东晋，由于印度佛教北迁传播，促成越地与海外的经济文化交流。如宁波当地有五磊寺，史载印度僧人那罗延在此坐化成佛。至隋，一条运河由北至南，贯通中原与越地，促进了双方政治、经济、文化交融，也使得"海上丝绸之路"兴起，推动了唐宋两朝海上贸易的发展。时由宁波商人张友信为代表的"唐船"商团，纵横于东南亚海域，在日本、高丽、东南亚乃至今非洲和欧洲地中海一带，都留下中国商人的足迹。

现在史学界对宁波商帮的研究与定义，往往局限于对商帮形成的客观地理与经济成因的分析，而缺乏从地域文化学的角度深层次的研究，其产生的误区有三：一为研究者对孕育商帮的文化内因研究不够，而武断地把宁波商帮定位于经济行为，在断代上定义为近代（明末清初），抹杀了古宁波商帮形成的地域文化精神传承。二为摈弃地域文化成因，而单纯地从经济行为分析。三是把宁波商帮与"海上丝绸之路"的城市文化精神弘扬与延伸割离。甚至把越祖根文化说成为"华夏运河文化"精神的延续，否认地域文化精神中的共融而变为单纯对中原文化的承继。这种说法有违历史，不符合起源于越文化、融汇中原文化，并由天妃文化作为内涵的东方原始海洋文化精神孕育近代宁波商帮的客观事实。为何会造成这种错觉？是由于明、清两朝的"海禁"，在客观上造成越祖根文化在历史长河中发展的阻滞与断裂。这种断裂直接影响古宁波商帮由唐、宋两朝延伸至元代历史的"官商"（如唐、宋、元代朝廷设市舶司管理商务，和商团首领由

050
中国起源地文化志系列丛书

朝廷诰封"遣唐使"），而下降到民商，甚至"寇商"地位。如明嘉靖年间盘踞在东海六横岛经商的王直船队，就被诬为"倭寇"，被斩于宁波城东门口示众，造成宁波商帮弘扬东方原始海洋文化精神的断裂。

宁波商帮重整旗鼓是在晚清"五口通商"后，除当时世界经济大格局发生变化的客观因素外，其主观因素仍为越地域祖根文化，是对商帮人士那种渗透在血液、植根于骨髓内的精神传承。我们不妨以宁波商帮在那段时期开拓的产业分析，可看出其与诸商帮不同的特点。在晚清间重兴的宁波商帮延伸至今的，无非四大龙头产业：一为钱庄业；二为航海与船业；三为纺织业；四为文化娱乐相关产业。而这四大产业，正是传统越商自古至今的优势所在。

诸业兴以银为首，"银扼商喉"。晚清间宁波商帮纵横天下，无非有"走遍天下，不如宁波江厦"的钱庄支撑。史载此时的江厦街有 126 所钱庄，所谓"天下有银十，江厦街独占二三"。稍后上海滩上，如果没有秦润卿、虞洽卿这些"金融大鳄"们办"四明银行"，使诸商的银子如水一般流动，就没有"十里洋场"、灯红酒绿"不夜城"的繁荣局面。因此上海人称任何地域的商人为"乡下人"，而独尊宁波商人为"银客"。银客者，为带银子而来的投资开拓者。这些银子何来？就是缺乏土地资源的宁波先人们，"大海洋洋、忘记爹娘"地在明、清"海禁"期间，越洋过海下"南洋"，在那个叫马尼拉的地方，以货易"墨西哥鹰洋"（每枚与大清朝所铸足银相差一文），获得与洋人交易的"第一桶金"，回来筹办钱庄积累的原始资本。如果没有历经千年的原始东方海洋文化开拓精神的支撑，近代宁波商帮能有后来产业的发展吗？值得说明的是当

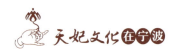

时传说中的"古越币"，这种钱币现在已难找寻，可当时却为下"南洋"的宁波人的"精神支撑"。这种古越币，流传在疍民中，据说古越王朝曾通行过与春秋诸国有区别的"金饼"。

民间"流银"带动诸业的发展，是近代宁波商帮兴起与诸帮不同的特点。分析宁波商人的产业链条，人们就会惊异地发现，拥有近海地域资源和信守祖根文化的宁波商人，有着与诸商不同的传统思维模式。宁波人会造船，历古至今没人否认这个事实。近代宁波商人产业发展，船与航海业是继钱庄业后又一大内容。从以慈溪商人费纶镱为首的北帮向西方购买中国历史上第一艘机动船"宝顺轮"开始，到虞洽卿"小火轮"开拓宁波至上海客运，董浩云组织船队开辟美洲航线，一直至有世界四大"船王"之称的包玉刚家族，可想近代宁波商人对海洋与船队情有独钟的兴趣与开发。近代船王有七，宁波董浩云与包玉刚占其二，不能不说宁波商帮对海运业有特殊的贡献。

宁波商人发展的产业，其三为纺织业，史载为宁波近代工业之首，不但据长江而扼川汉，而且越洋跨海传播到东南亚诸地。如大名鼎鼎的吴锦堂，被誉为日本的"纺织业之父"。其四为文化娱乐业，中国近代电影之父邵氏兄弟公司，自20世纪30年代后，就在香港和东南亚有特殊影响。

宁波商人的这些产业为何能兴起发达？不能不说与地域文化有直接关系。除钱庄业、航海业与城市海洋文化精神有潜在联系外，纺织同样是吴越文化的精粹。史载吴越之地黄道婆创"布机"，江南民间农家小屋，十之八九设机杼，"男耕女织"为越地风景。"海上丝绸之路"何以定名？是因为"湖丝杭绸"均由宁波港口运销世界各地。至于文化娱乐业，作为地域文化精神的外在体现，在历史上越文化与中原文化交融中，独占江南烟雨文韵和"靡靡之音"一席之地。自书圣王羲之、著名书法家虞世南始，至近代西泠印社。自中国戏剧四大声腔，浙江余姚腔、海盐腔占其二，到享誉国内外的女子越剧（发源地即为浙东嵊县）。史载宋廷南迁，印刷业和"瓦舍"（戏园子）遍布江南。"山外青山楼外楼，西湖歌舞几时休？暖风熏得游人醉，直把杭州作汴州"自"歌女资其葬""街头巷陌皆咏三变词"的柳永，至当代文豪鲁迅、茅盾、郁达夫，越地多少文人骚客，出现 20 世纪 30 年代上海滩文化产业的繁荣，当为顺理成章之事。

宁波商人的机敏，植根于这块土地的越祖根文化精神。正是这种信守和兼容，使他们不断地向外拓展渗透，乃至像水一样，浸漫到各个地域、各个行业。可以说以天妃文化为内涵的东方原始海洋文明，是近代宁波商帮重兴的文化底蕴，孕育与铸就了近代宁波商帮的发展。

（二）"和义经商"兼收并蓄的包容精神

晚清期间的宁波商帮能迅速超越诸商帮崛起，另一个鲜明特点是"和义经商"。所谓和义，是和对方利益共享，共同发展。这就需要有一种包容精神。如果我们回忆宁波城市的历史，就会发现发源于越文化与中原文化共融的东方原始海洋文化中，有史以来就有一种兼收并蓄的包容精神。在河姆渡文化遗址中，我们就可以看到原始先民，一次又一次地兼容和吸收外来文化，包括对外传播"石锛"文化。秦汉时期，越民在军事失利的前提下向南迁移，在背井离乡的同时，以巨大的历史耐力逐步接纳吸收中原文化，包括文字、政治体制和生活习俗，较为融洽地与中原先进文化共处。稍

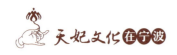

后中国历史上三次人口大迁移，越人又一次接受北方人民乃至融合为一体。至明、清两朝，由于西方列强的兴起，在军事扩张和经济侵略的同时，对中华民族实行文化渗透，最先能够接纳共融的，也就是沿海浙、闽、粤三省。

宁波人兼收并蓄的包容精神，最明显的例证，是对含天妃文化在内的外来文化的接纳共融，并像大海吸收河流一般将之也变成海水。这种融合表现在历史上，是对异国宗教文化的接纳。史载秦朝道教方士徐福带三千童男女东渡日本，七次下海，最后在古句章港成功。稍后六朝时期，起源于印度的佛教文化北徙，宁波成为重要中转和传播之地。东吴赤乌二年（239），东吴太子太傅、都乡侯阚泽，舍献句章住宅建"普济寺"弘扬佛法。浙东所建阿育王寺，南宋宁宗时就被定为天下禅宗五山之一。明太祖朱元璋时天童寺，在天下禅宗五山中排名第二。雪窦寺也早在宋代宁宗时，就被列为天下禅宗五山十刹之一。"五口通商"前后，西方传教士在中国传教，天主教堂密布于市郊，星罗棋布。这种宗教文化与地域文化的兼容，促使近代宁波商帮在经济领域中形成"和义天下"的包容精神，使之能以博大的胸怀"忍受"别人的"污垢"，为获商利而一如既往地开拓。

1. "以天为大"的包容胸怀

近代"宁波帮"商人做生意，遵循地域文化精神的优秀精华："我为人人，人人为我"，有"肩负天下重任"的责任感。在他们的意念中，所谓"生意"，就是人在世间生存责任的意愿。我要活着，但不能让别人为我去死。"生意是人做的，天下有做不完的生意。我做生意是为别人方便，要让别人能赚钱，我的生意才能做大。"因此他们经商，不仅是为自己"找活路",更主要的是为别人"找活路",只要别人活好,自己才能活得更好。拿现在的话说,也就是有钱大家挣。例如一笔十元钱的生意,别人赚九元,我赚一元。这种事儿晋商与徽商不干,因为不公平,凭什么对等出力,你多得我少得?但"宁波帮"商人能做。因为我做生意就为你赚钱,你赚了钱我还可以与你做下笔生意。如果你做一笔赚了九元,我做十笔就是十元,一百笔为一百元,我只要把生意做好做大,我才是为天下人赚钱的大商,而你是只做一笔或几笔的图眼前利益的小商。在宁波商人眼里,天下有走不完的路和赚不完的钱,路子走对才能有钱,有钱才算得上是个商人。这种包容别人、"和义天下"的胸怀,在改革开放后新一代宁波商人中体现得更加明显。所谓"走遍千山万水,说尽千言万语,心怀千家万户",就是这个道理。

2. "以水长流"的经营理念

近代宁波商帮遵循地域文化精神的第二个特点,具有超前经营的意识,为让别人与我一样获利,必须有"行业领头羊"的领袖风度。"五口通商"后西方列强用坚船利炮敲开我国的国门,接着就有无数"淘金者"以商人名义来东方淘金。在这场经济侵略和掠夺中,诸商纷纷"倒闭",偃旗息鼓,而宁波商帮却能笑傲群雄独树一帜。究其原因,也是文化理念上的区别。当时在上海滩的"十里洋场"中,宁波商人以三种面貌与洋商周旋:第一种面貌是买办,他们的经商理念是"洪水来了,挡不住就疏"。所谓"疏",就是顺应规律,帮你倒腾。你不熟悉这儿的地理环境,好,我帮你熟悉。你不熟悉这儿的政风民俗,也好,我帮你熟悉。你不熟悉这儿的市民文化,更好,我帮你熟悉。对不起,这种"熟

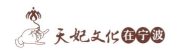

"悉"你得付出代价。这样熟悉来熟悉去，贪图眼前利益又看不起华人的洋商们，最后都乖乖地成了"买办"们手中的"猎物"。"猪养肥是用来宰的"，买办们等待的结果是"取而代之"，因为你赚了九，我只取其一呀。我可以做大，而你只能滚蛋。第二种面貌是用国内产品占领境外市场的国际"洋行商务"，他们的理念是："你洋毛子可以敲开国门，赚我大清朝的银子，我大清朝国民怎么不能出洋赚你洋毛子的银子？""行商如水，我挡不住你。因为你的工业时代开发早，货比我先进。但人总不能仅生活在'先进'里，需要脚踏实地活着，你也挡不住我。"由买办学到洋商经营理念的行商，有很多走出国门做生意的，如吴锦堂、虞洽卿和后来以香港为跳板的包玉刚、邵逸夫，成为近代中国第一批国际商团的代表人物而领导商界。第三种面貌是实业家，运用洋商提供的设备办起自己的企业，运用对国内市场的熟悉与洋商进行市场竞争。如近代发生在上海滩租界的"四明公所事件"，聚集在那儿的十万宁波人竟用"断水断电"罢市的手段，胁迫诸洋商和领事馆停止掠夺与侵吞华商占有的资源。

3. "以无为规"的营销法则

近代宁波商帮纵横天下百余年，除上述两个特点外，还有一个特点是谁也悟不透的营销法则。由优秀地域文化精神孕育的宁波商人，仿佛天生就是做生意的料子，他们的才华集中体现在"灵活多变"的营销策略与活动中。在近代宁波商人的营销法则中，一是商品营销只有价格差别，地域没有界限。因为商品与人不一样，人往高处走，商品却往低处走。哪儿缺货，商人就要把货铺开到哪儿。二是用人没界限。诸商帮的用人概念往往子承父业，以血缘关系决定人的使用。而宁波商帮却不一样，认为量才录用，是商者最高境界。他们在商务活动中，往往选择"智者"任总经理，自己则掌握"董事会"支配资产，率先从旧式商帮中转制出来，实行"能者多劳和能者多得"的私有股份制，从市场经济的模式走向市场商品的营销模式。近代的"宁波帮"商人，出身大多贫苦。如现新加坡三江会馆的董事局主席水铭漳先生，原先就是码头上的一位搬运工。又如近代上海滩上的叱咤风云的宁波商界巨子，大多出身于"学生意"的"穷小子"，又有几个是"豪门巨子"？三是项目与行业没有界限。中国商人的行商潜规则，往往局限于行业的贵贱，但在精明的宁波商人头脑中，"地不分贵贱，人不论贵贱，行同样没贵贱"。只要能成为生意，能为天下人谋利服务，就是生意。因此宁波商帮（含浙江商人），无论是高档的银行（钱庄），还是剃头、阉猪、饭馆的服务行业，什么都做。试问今日中国，又有哪种职业没有宁波人出头露面和活跃的身影？

（三）"和气生财，吃亏就是便宜"的团结互帮精神

1. "和气生财"使"宁波帮"商人朋友遍天下

综观近代宁波商帮的胸怀、经营理念与营销手段，可以看出宁波人经商不为寸金寸利争执，他们遵循的是"和气生财"和"吃亏就是便宜"的和义精神。商人之间相互团结一体，讲究的是"以和为贵，以义为先"。往往"生意不成朋友在""讲义气胜过做生意""朋友越多，生意就做得越大"。讲究乡邻团结互帮精神，靠的是齐心协力克服困难，"以小搏大，患难之处见真情"的地域文化精神。

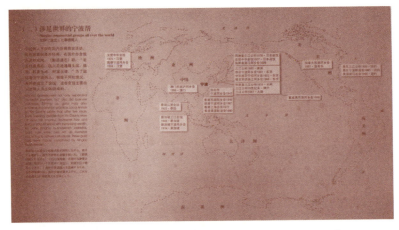

涉足世界的宁波帮

2. "吃亏就是便宜"的经商宗旨使"宁波帮"商人名扬天下

恪守信用，反对欺诈，是我国近代诸商帮的优良传统，也是老祖宗留给后代子孙的一条成功的经验。千百年来我们的商人靠着这条经验，创造了华夏商业文化的灿烂与辉煌。与诸商帮相比较，近代"宁波帮"则做得更好。历史上宁波商帮重信誉，以诚信取胜。他们经商虽然也以营利为目的，却一反民间"无商不奸"的看法，在心中怀有"吃亏就是便宜"的"大慈善"。以道德信义为依据，恪守信用，较少有欺诈行为。如浙江宁波籍商人乐显扬创办的北京同仁堂300多年的"金字招牌"长盛不衰，精品名药蜚声海内外，其经营之道是以诚信取信，在制药中坚持"修合无人见，存心有天知"。❶慈溪人创办的冯存仁中药店的宗旨是"济世益民，货真价实"。药材进货讲究货真，做到进料药源路正，从不进假药材。

宁波商人把诚信为本的经商宗旨，作为自己爱心和善良

---

❶ 曾宪蓉.同仁堂的金字招牌因何长盛不衰［J］.现代企业文化，2009（1）.

的根本诏示天下，用来取信于民和鞭策自己。在上海的永丰南货店秤准斗满，并张贴广告，声称"秤满十六两，缺厘还原洋"。新华薄荷厂创办人曹辛耕，主张以诚信办企业，公开他的经营宗旨是："对外做生意，恪守信用，不奸猾行商。"1935年，年仅28岁的王宽诚与人合资开设维大鼎记面粉号，开业那天，王宽诚就在《时事公报》上刊登文告："顾客至上，信誉第一。'维大'最讲信用，劣质面粉不卖。"连登七天，当时有人不理解，要他别登了。王宽诚却说："连登半个月，让全宁波人都知道'维大'，我们的生意就好做了。"作为初涉商界的王宽诚，他做广告是为生意，但反映了他办企业要对得起顾客的信用和理念，懂得诚信为商人的立身之本。果然半个月后，"维大"店门口买面粉的顾客排起了长队，企业也由此得到迅速发展。短短几年，"维大"的2万元开办经费，到1940年已经达到20万元，成为上海面粉加工业的"老大"。

为弘扬地域信俗的根本，宁波商人在经商过程中，往往把"吃亏就是便宜"的理念，灌输给下一代的商人们，注重职业经理人的道德修养。他们在培养人才时，进行职业道德与业务培训，把诚信重义、扬善扼恶的经商理念，作为日常行为规范教育商人。他们把这一过程叫做"学生意"，宁波籍商人一代又一代人外出"闯码头"，都有过这种长达3年"学生意"的经历。如上海滩闻人虞洽卿、严信厚等，就是从"学生意"开始，才从上海滩上发达起来的。虞洽卿说过他最早在染料行学生意时，师傅传给他的至理名言就是："你要做好生意，就先要有好的人品。商人要行善积德，才能成为大商人。"所以一代又一代的宁波商人走出去，都保持了良好的社会信誉。这种优秀地域文化精神的弘扬，表明

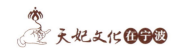

宁波商帮的成熟和对当代城市文明的促进。

3."联手互助"的义气精神，常使"宁波帮"商人化险为夷

近代宁波商帮是一个以血缘家族为核心、以地缘关系为纽带，范围广泛、组织松散的商人与企业家群体。在外经商谋生的宁波商人重乡谊、讲团结，互相支持，风雨同舟，表现出强烈的团结互帮精神，成为抵御风险危难的精神支柱。在当时宁波商人的发祥地上海，同乡间的团结是很出名的。19世纪末在上海滩轰动一时的两次"四明公所事件"，就充分展示了在上海的宁波同乡齐心协力的精神。他们奋起反抗，最后迫使肇事的法国人屈服，承认四明公所的土地所有权。这次事件被史学家称为"中国近代史上对抗外国势力的第一次政治罢工"，充分显示了宁波商人团结抵御外侮的威力。这些人中，有不少后来成为"宁波帮"的巨子，他们立业之初都曾得到同乡会的帮助。如叶澄衷、朱葆三、虞洽卿等人，早年都是由同乡人或亲戚从乡下带来上海"学生意"做学徒和创业的，从而在他们面前展开一个广阔的世界，成为他们日后发展的重要契机。如天津卫的宁波巨商王铭槐，因为与李鸿章"关系甚切"，经营军火发迹。凡是宁波同乡到天津谋职者，他都尽力推荐介绍至洋行当买办做生意。愿意独力经商者，他资助资金，帮助他们在业界发展，对天津"宁波帮"的形成起了关键的作用。名赫一时的"企业大王"刘鸿生，大学二年级辍学后，能成为美商开平矿务局的推销员，也得力于同乡周仰山的鼎力相助和推荐。

宁波商人团结和义精神的另一个表现就是企业在创业过程中遇到困难，甚至陷入困境时，乡人都能联手相助，共涉险境。在清末时沙船航运业是"宁波帮"的传统行业，近代

060 中国起源地文化志系列丛书

以来不少宁波商人转而投资轮船航运业，相继创办宁绍、三北、鸿安、永利、永安等轮船公司。开业伊始曾遭到外国轮船公司的排挤和打击，但在上海及沿海、内河各埠宁波商人的支持下，才顶住风险进一步发展，成为近代中国民族航运业的一支重要力量。如宁绍轮船公司成立后，曾经受到英商太古公司和法商东方公司的降价排挤，"宁波帮"商人组织同乡成立宁绍公司航业维持会，募集现金10万余元补贴公司损失，号召宁波同乡不乘外轮，改乘宁绍公司的客轮，约定凡有商货先交宁绍公司装运。如此通过两年的竞争，宁绍公司不仅坚持下来，而且还添置了一艘新轮船。同样，"宁波帮"办钱业，也是同心一致对外。1908年由宁波商人集资兴办的四明商业储蓄银行在上海开业后，曾受外国银行和同行的倾轧。一遇风潮，便拿四明银行发行的钞票来挤兑现洋。当时四明银行的实力并不雄厚，而在挤兑风潮中能多次化险为夷，其原因就在于宁波同乡的团结互助，由宁波商人开设的各大商店、钱庄、银号在挤兑风潮袭来时，家家代为收兑四明银行的钞票，使"风潮"得以平息。民国《上海县志》说："辛亥光复，国内银行兑现、提存，几时一辙。而该行赖以平定者，甬商之力。"所以有人说，近代宁波商人"能如此活跃，他们的团结力亦是一大原因。表现他们团结力的，就是四明公所"。

其实宁波同乡会的章程中就明确规定："本会以团结同乡，发挥自治精神为宗旨。"1945年的章程又提到："集合同乡力量，推进社会建设，发挥自治精神并谋同乡之福利。"章程中的"团结同乡""集合同乡力量"正是宁波商人团结互帮精神的体现。在工商活动中，精明强干的宁波商人充分利用各地的同乡组织，凭着团结互帮精神，建立了许多推销商

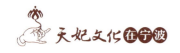

品、获取原材料和经济往来的商业网。这对在风险大、交通不便和以一种特殊信用关系为基础的区域之间进行贸易来说是非常必需的。这种以宗族、同乡为纽带形成的同乡团结力量，对于宁波商人企业的发展有着重大的意义，大大增强了行业和企业的竞争力。

因此当"宁波商人一旦确定奋斗目标，就会自强不息、团结一致地共同奋斗，不断拼搏与进取，敢于冒险"。这是宁波商人优良的经商传统，也是具有东方原始海洋文明城市精神的具体体现。

（四）"发财就要行善"的"宁波帮"商人大慈善精神

1. "宁波帮"商人一直信奉天妃文化"扬善扼恶"的信念

历史上的近代宁波商人，作为群体分析，并无明确的信仰目标和价值指向，但他们的为人处世，却潜移默化地循奉天妃文化"扬善扼恶"的核心理念和价值观。他们奉行"获大实惠必要有大慈善"的信念，相信"善有善报，恶有恶报"的因果报应。

新加坡三江会馆馆长水铭漳，这位祖籍鄞州的老先生是信奉天妃文化（妈祖信仰）的。他穿着肘间打有补丁的西服，脚踏旧布鞋，行程十万公里，走遍中国千山万水，把自己在新加坡的资产投入内地。他投资奉行一个原则：越穷的地方越要投。问其原因，他说：祖宗相传经商是为扬善扼恶。妈祖保佑我做大生意，我赚了钱不做善事，就违反赚钱的初衷。在近代宁波商人中，持水先生这种善恶观者众多，认为"发了财不行善，无颜见地下的祖宗"。清末宁波商人吴锦堂，在日本做棉纱生意赚了钱，回家乡浚疏杜、白两湖并兴办学校，为子孙后代造福。正是这种渗透在血液中的地域天妃文化的"善恶观"，使宁波商人区别于其他地域商人，成为中国近代商帮中的佼佼者。

2. "商解民忧"——"宁波帮"商人热衷文化教育事业

近代宁波商人提出"行商为国"和"商解民忧"的观点，把勤勉挣钱与行善积德紧密结合起来，钟情于地方文化教育公益事业。这与天妃文化的"济世解困"的"善恶观"一脉相承。商人赚到钱后怎么办？诸商的回答各不相同，如晋商为把生意继续做大，热衷于买"官"，信奉以"政治"上占有"一席之地"来光宗耀祖。徽商似乎对改造祖宅和"立牌坊"更感兴趣。但"宁波帮"不一样，"以其善心，援助公益"。他们不屑用钱买"官"和"立牌坊"光宗耀祖，而把赚到的钱大量地投入文化教育事业中，创造出中国近代史上卓有成效的"以商兴学"的典范。其核心实质是将是否有利于国家富强和解除民忧，作为衡量商人是否行善积德的道德标准。

从现代经济学的角度，美国的舒尔茨·贝克尔提出了"人力资本理论"的观点。他认为：当代经济发展中，人才资本的贡献，远大于物质资本。近代宁波商人并不了解舒尔茨·贝克尔。他们只是从信仰天妃的老祖宗那儿得到"遗训"，"获大实惠（利益），必有大慈善"，认为商人赚了钱，是需要回报社会的。钱从哪儿来，就让它回哪儿去。不回去留在身边，多了会助长罪恶感。近代宁波商人对子女的财富积累，没有像诸商巨头那般看重。在常人的境界中，财富应该留下给有血缘关系的继承者。但宁波商人不这么看。他们认为钱留给子孙，他花不完或不懂得花钱，反而会助长邪恶。在宁波地域文化传统中，有这样的说法："铜钱银子如水流动，能赚就能花，不花出去

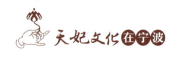

就赚不进来。家富不能持续三代，子孙若有出息，不需花父母的钱。若没出息，父母留给他多少都会败光荡尽。"

　　在这种观念支配下的近代宁波商人，无疑是豪爽的。他们在对文化、教育公益事业的投资中，体现出商人对社会的爱心和地域原始信仰中的仁慈之心。据有关资料考证：近代宁波商人对文化教育事业的偏爱，首先表现为对人才的重视，认为人才是兴国行商的根本。如晚清与民国时期，擅长沙船、钱庄、房地产业经营的朱志尧十分重视为社会培育人才。他以为中国民族工业要发展，机器是国家的"命脉"，而振兴民族机器业，则需要人才与资本。"最大的问题是人才耳，资本耳。得此二者，何患不能成事耶？" ❶ 对宁波商人来说，还有非常重要的一点是，这些人大多出身贫寒。早年的失学之苦，使他们懂得办教育不仅为兴国之根本，而且还是"济民解困"和体现成功商人慈善之心的良策。如上海滩闻人叶澄衷之所以创办澄衷蒙学堂，就是痛感自己幼年失学，感慨"中国之积弱由于积贫，积贫由于无知，无知由于不学"，进而认识到："兴天下之利，莫大于兴学。"近代宁波商人还从兴盛教育与振兴商务之间的关系，来认识发展教育的重要性，意识到兴盛教育与发展实业的重要关系。镇海商人方椒伯就是因为"商界人才之缺乏"才兴办教育。鄞县张其昀更是说："无论兵战或商战，均需要高深之学问。"

　　正因为如此，近代宁波商人对办学兴教投注了大量的热忱。叶澄衷、虞洽卿、秦润卿、吴锦堂、黄延芳、王伯元、刘鸿生，一直延及后来的包玉刚、邵逸夫和水铭漳等人，都

---

❶　朱志尧.求新制造机器厂［M］.上海：中华书局，1936.

致富不忘根本，投入巨资兴办学校或其他社会公益事业。据统计，近代宁波商人在上海兴办的学校就达几十所。在家乡宁波辖下各县，据清光绪三十四年（1908）的《浙江教育官报》统计，多达数百所。除上海、宁波两地外，宁波商人在旅居人数较多的城市，也纷纷兴办学校。如天津的南开大学、南开女中、南开小学、达仁女校、浙江学校、宁波小学等，武汉的宁波旅汉公学，重庆的四明旅渝同乡会补习学校，杭州的宁波旅杭同乡会的中正小学，郑州宁波旅郑同乡会的旅郑公学等，均由宁波商人出资兴办。

3. 坚守"善商"美誉，"宁波帮"商人习惯行大慈善扶危济困

人类文明的发展离不开社会慈善公益事业，这是因为人们在社会进化中，无法避免和抗拒各种自然灾害和社会危机而造成"贫困阶层"。对富人而言，社会慈善事业是人类文明进步的阶梯和衡量文明人"善恶观"的试金石。天妃文化作为东方原始海洋文化的合理内涵和历代统治者提倡的民间信仰文化，其弘扬宗教信仰的中心主旨是扬善抑恶。近代"宁波帮"在商业上成功获得"大实惠"，促使他们弘扬社会公益事业的"大慈善"精神，使商帮自身得到更大的发展。

我国近代的各级慈善机构，是社会发展的产物，在人类文明的过渡中，发挥了很大的作用。"宁波帮"在商界有"善商"的美誉。从历史资料看，近代宁波商人于我国的慈善机构创建中，做出过很大的努力。他们参与了上海同仁辅元堂的建立，在中国红十字会的创设，以及华洋义赈会、天津广仁堂、宁波云华堂等慈善机构的建立中均有积极的贡献。据同治《上海县志》卷二《善堂》载：同仁辅元堂是咸丰五年（1855）

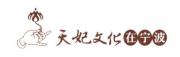

由同仁与辅元两堂合并，主要经营项目为育婴、恤嫠、赡老、施药、施棺、消防与赈灾等。仅道光二十九年（1849），合并前的同仁堂就支出各项费用7516963文钱。该堂有关资料显示：该堂由上海有权势的名门望族负责运营，内中不少即宁波商人。不仅捐资且担任过董事和捐司。同治元年（1862）该堂有28人为司总，除船商外，4位钱业商人，清一色为宁波人。这个产生于清代的我国早期的慈善机构，对中国慈善事业的推进做出过极大的贡献。

中国红十字会成立于1904年3月，主张救死扶伤，扶危济困。红十字会最早在西方兴起，1894年在中日甲午战争后，才引起中国人的关注。在国内最早进行红十字会创建工作的是宁波鄞州梅墟人金雅妹（也作金韵妹），其父为耶稣教长老会牧师。同治八年（1869）随传教士麦嘉绵赴日本留学，光绪七年（1881）至美国，考入纽约女子医科大学学习医学。1885年以全班第一名的优异成绩毕业，在纽约当医生。1888年后回国，中日甲午海战后在天津创办红十字会。该会成立后，由上海绅士汪炳等人于1899年春创设"中国施医局"。接着宁波旅沪巨商严信厚同陆树藩、庞元济、施则敬等人一起在上海创办"中国救济善会"，赴津沽救助难民。1904年日俄战争爆发，难民撤离东北，时任上海记名海关道的宁波商人沈敦和（鄞州人）和周金箴、李云书及施则敬等20余人在上海英租界六马路仁济善堂集会，发起成立"东三省红十字普济善会"，由发起人"垫银十万两，以应急需"。"延请中西大善董，就近开办，在沪设立总局，专为筹款之所"。并在北京、天津设分局，与英、法、德、美四国及清工部局商榷，成立中国红十字会，议定45名董事会名单，其中华董10人，

宁波商人沈敦和与朱葆三在内。两名办事华董为沈敦和与施则敬。由此拉开中国红十字会的救赈大幕。❶

宁波商人在 20 世纪初的各地大规模赈灾活动中，均充当组织者和救赈者的角色。如 1920 年在上海正式成立的华洋义赈会，在救济湖北、湖南、河南水灾和陕西、河南、河北、山东、山西大面积旱灾过程中，宁波商人沈敦和、朱葆三任湖北义赈会会长和副会长。次年，朱葆三任河南义赈会名誉会长。后中外合作的上海华洋义赈会成立，朱葆三任干事长，陕西义赈会成立，他任董事。两次捐款合计 40.6 万元，以傅筱庵为首的宁波商人合计捐赠 16 万元，占总数的 39.4%。在 1913 年河北、河南、山东发生的旱灾中，宁波商人史晋生组织华北义赈会担任副会长，募集 50 万元资金救济流落汉口的灾民。❷

宁波本地慈善事业也相当发达，成为推动地方社会发展与进步的重要动力。宁波素有"义乡"之称，"甬俗好义，振古称之，地方救济之事仰市井而成"。进入近代以来，由于以商人为代表的地方社会的大力支持和参与，宁波慈善事业不仅兴旺一时，而且成为地方社会的主要活动领域，受到全社会的关注和重视。首先各类慈善机构与团体不仅数量众多，而且十分活跃。特别在民国时期，宁波不仅有应急性或曰临时性的慈善机构，更有大量常态性的慈善团体与组织存在。据不完全统计，民国初年，宁波的慈善团体达到 437 个，居全国领先地位。正如时人所言："吾甬为通商巨埠，善堂林立，

---

❶ 李永军.沈敦和与中国红十字会［J］.传统，2009（19）.

❷ 周秋光.晚清时期的中国红十字会述论［J］.近代史研究，2000（3）.

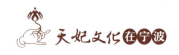

如养老、育婴、医病、恤废等诸义举，无不应有尽有。"这些以孤儿院、慈善医院、水龙会为代表的慈善机构大批产生，并发展成为当时慈善事业的主体力量。进入清末民初以来，以虞洽卿、吴锦堂、秦润卿为代表的旅外宁波商人全面参与家乡慈善事业。宁波各地也活跃着一批慈善家。如曾任宁波总商会会长的费绍冠、陈兰荪，和丰纱厂董事总经理顾元琛，镇海商会首任会长朱彬绳，钱业巨子严英、俞佐庭等。❶ 在改革开放后，宁波的企业家和各界人士，在市委、市政府的号召下，更是踊跃促成各项慈善事业，由市慈善总会筹集的款项，向来占全省之先。

"宁波帮"为何急公好义，济世救困？除有一颗颗善良的爱心外，其深层次的原因是这个城市的居民深受以天妃文化（妈祖信俗）为内涵的东方原始海洋文化的影响，认为商人"做生意，首先是做人品"。近代宁波商人们认识到"盖财之为道，一方务在鸠聚，一方务在散发，此即所谓'春风风人，夏雨雨人'。若垄断求之，局促守之，以积一人之蒿，亦何足称哉"。这是一种优秀的地域文明精神的传承，将激励我们继续将之发扬光大。❷

---

❶ 参见李慧英，孙善根.宁波帮与宁波慈善事业［J］.宁波职业技术学院学报，2009（4）.

❷ 黄浙苏.信守与包容——浙东妈祖信俗研究［M］.杭州：浙江大学出版社，2011.

天妃文化的传播以各种形式存在，其中一个主要特征就是在明清以后的中国及海外许多港口，都有一个松散而牢固的民间团体，即商业会馆。这是当时的商人们为了共同的利益，也为了相互联络而凝聚建立起来的行会组织。由于成员长年劳作在海上，从事舶运，需要有一位庇佑他们安全的神灵，寻求保护，寄托心灵。这在主观上是一种迷信的产物，但在客观上却对天妃文化的传播起到重要作用。作为天妃文化的物化载体，宁波庆安会馆和安澜会馆所折射出的这个特征是十分鲜明的，成为宁波"海上丝绸之路"的重要组成部分。

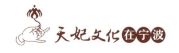

第一节　天妃庙宇遍布宁波

天妃文化自其诞生之日起，就有鲜明的专职特色，与水运、航海事业发生紧密的联系。因此，凡是水运、航海事业发达的城市、港口，天妃文化就显得昌盛、丰富。庆元府（即明州，今宁波）自古就是中国的重要港口城市，很快成为天妃文化传播地之一。

《元史》卷十《世祖本纪》记载：元世祖至元十五年八月辛未（1278 年 9 月 9 日）制封泉州神女号"护国明著灵惠协正善庆显济天妃"。这就是妈祖庙后来被称为天妃宫之原因。三十余年之后，鄞县天妃宫有所扩建，《灵济庙事迹记》曰："皇庆元年（1312）海运千户范忠暨、漕户倪天泽等，复建后殿廊庑、斋宿所，造祭器。"次年，即皇庆二年（1313），鄞县天妃宫进行重建。第二年，又获得元仁宗钦赐制书。袁桷《延祐四明志》曰：天妃庙在县甬东隅，皇庆二年（1313）重建。延祐元年（1314）十月内钦奉制书："爱人利物，仁克著于重溟；崇德报功，礼宜增于异政。肆颁纶命；用举彝仪。护国庇民广济明著天妃林氏，圣性明通，道心善利。当宏往纳来之际，有转祸为福之功。祥飙送帆，曾闻瞬息，危樯出火，屡闽神光，有感必通，无远弗届。顾东南之漕引，实左右其凭依，不有褒恩，曷彰灵迹。于戏，爵以驭贵，惟新懿号之加。海不扬波，尚冀太平之助。可加封护国庇民广济明著天妃，主者施行。"在泰定元年（1324），天妃宫又进行过一次修缮。袁桷《清容居士集·佥事范君墓志铭》曰：有范子诚者，逝世于泰定二年（1325）闰（正）月。他活着时声讨"邪教"，捣毁了湖州的淫祠360座，而对明州妈祖祠庙，则爱护有加，曰："泰定元年（1324）擢佥江南浙西道肃政廉访司事，其薄兰溪，尝摄尉事。湖州，多淫祠，毁三百六十以治官舍。分漕四明，首拓厅事，严竦治具。新天妃宫，以肃祠使。"

天历二年九月壬申（1329年10月11日）曾进行过一次中央派员实施的祭祀天妃活动，《鄞县志》卷十二《庙坛》附《祭庆元天妃庙文》曰："浙水东郡，襟江带海。漕运远涉，万里波涛。神妃降鉴，丕著宏功。息偃狂飔，迅扫妖氛。转运咸利，国储充盈。永颂明德，百世扬休。"

至元五年（1339）夏六月，鄞县妈祖庙又再次进行重修。程端礼《畏斋集·重修灵慈庙记》曰："至正元年冬十月庚申（1341年10月25日），重修灵慈庙成……故岁时天子遣使致祭，礼秩与岳镇海渎等。屡加封号，宠赐庙额。庙宇损坏，官为修葺。凡神之所以护国与国之所以报神，可谓至矣。惟是庙在鄞之东角者，岁久弗葺。门堂室寝木朽瓦摧，像设漫漶，甚非所以揭虔妥灵也。庆元、绍兴海运千户所朱侯，奉直莅事。谒庙顾瞻咨嗟，念官无储钱，首捐俸为倡。同僚暨市舶官吏欣助，漕户协力，鸠工市材，剔蠹易坚，瓦石丹雘，内外一新。侯日程督，无敢苟且。虽修实建。"这次重修，对原庙殿进行扩大改建。其中"虽修实建"道出了这次修缮之规模。至正十八年"五月二十二日（1358年6月28日），朝廷出诏书布告天下，以江南三省之久劳于兵也，遣使者（朵郎中使等）六人，往谕德意"。"诣四明奉

御香于天妃祠"（程端礼撰《畏斋集》卷四《送朵郎中使还序》）。所谓"奉御香"，则是代表皇帝进香，足见庆元天妃宫在元代之见重。

浙东妈祖庙与天后宫分布一览表

序号	名称	年代	地址	备注
宁波				
1	天妃宫	南宋绍熙二年（1191）	城东二里东渡门外	雍正《宁波府志》卷十
2	天后宫	清道光三十年（1850）	现江东北路156号	
镇海				
3	天后宫	元至正十六年（1356）建，清雍正十二年（1734）重建于南薰门外基地	城外招宝山下	民国《镇海县志》卷十三；雍正《宁波府志》卷十
4	天妃宫	不详	城外陈山	
5		不详	城外石潀	
6		不详	城外澥浦	
7	天后宫	清道光二十四年（1844）重修	灵绪乡西门外	
8		清道光年间重修	崇邱乡港口笠山下	
9		不详	泰邱乡新矸头	
10	娘娘宫	清道光年间	泰邱乡小山	
11	天后宫	不详	海晏乡	
12		不详	郭口乡北门村	
13		不详	郭口乡中泽村	
慈溪				
14	天妃宫	清代	天妃宫路22-8号	
15	圣母祠（圣山娘娘庙）	不详	慈溪市胜山	

续表

序号	名称	年代	地址	备注
16	天后宫	清乾隆年间	县治南二里	光绪《慈溪县志》
17		不详	县西北六十里，洋浦东	
18		清代	观海卫镇天妃宫村中部	
余姚				
19	天后宫	清同治十年（1871）复建	旧址为忠襄祠，后移建于大黄山南	乾隆《绍兴府志》卷三十六；光绪《余姚府志》卷十一
20	酱园街天妃宫大殿	清代	酱园街307西侧	
21	天妃宫	明洪武年间	临山	
奉化				
22	天后宫	不详	松岙	
宁海				
23	天后宫	清康熙年间	定海南门外	
24	娘娘宫	清代	宫塘周村	
25		清代	前岙村	
26	天后宫	清代	长街大湖村	
27	娘娘宫	清代	上港村	
28		清代	平岩头村	
29		清代	长街伍山外塘村	
30	娘娘庙	清代	月兰村	
31	平安庙	清代	横洞村	
32	娘娘殿	清代	力洋镇石碾村	
33		清代	龙浦村	
34		明末清初	田湾岛（已毁）	
35		清代	胡陈港口钓鱼礁	
36		清代	大麦塘亭头	
象山				
37	娘娘庙	近现代	涂茨镇长沙村东北	
38	天后宫娘娘庙	近现代	涂茨镇毛湾村东段	从毛湾村东南端毛头嘴迁于上马石59号
39	天后宫	近现代	涂茨镇干门港码头西侧	始建于1826年，历经几次重修
40	娘娘宫庙	清道光年间（1821—1850）	涂茨镇屿岙村干门江附近	解放后土改时曾毁，于1986年重建

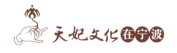

序号	名称	年代	地址	备注
41	天后宫（娘娘庙）	清光绪三十三年（1907）	晓塘乡渔丰路 29 号	保存较好
42	娘娘庙	近现代	石浦镇渔山村南端山脚	现为重建
43	天妃宫遗址	清代	石浦镇天妃宫 19 号西侧	福建渔民投资所建，规模与城隍庙相同，1958 年拆
44	东门天后宫	清代	石浦镇天妃宫西路 11 号东侧	文保单位
45	慧云庵	民国	石浦镇庙前弄 1–2 号	正殿保持原貌，余改建
46	妈祖堂	清代	石浦镇天宫弄 2 号	20 世纪 90 年代重建
47	天母娘娘庙	清代	石浦镇蒲湾 58 号	五开间，歇山顶
48	娘娘庙	清代	石浦镇湖礁湾村中部	保存一般，保存原貌
49	天母娘娘庙	清代	石浦镇苟头村口	保存一间，五架，格局完整
50	尊王宫	明代	石浦镇吉城路 47–4	现存正殿与南首楼房，民国建筑
51	保生庙	清代	石浦镇东关路 72 号	保存完好
52	沙塘湾王爷庙	清代	石浦镇村西北部	老庙三开间，占地约 70 平方米。供奉的王爷与妈祖、如意娘娘、广泽尊王、保生大帝为兄弟姐妹
53	娘娘庙	清代	石浦镇北渔山岛大岙	1956 年废，1989—1990 年重建，占地面积 300 多平方米
54	天妃宫	不详	鹤浦镇和平湾村北	所建年代可能是民国，后重建，水泥结构一间，供奉天妃娘娘
55	妈祖庙	不详	鹤浦镇峙湾村	保存较差
56	天母娘娘庙	清晚期	鹤浦镇犁头塊 49 号	保存较好
57	天妃宫	清代	鹤浦镇金七门村	重建
58	娘娘庙	近现代	鹤浦镇大岙村中	三开间，七架梁
59	兴隆庙	清代	东陈乡村东部	格局完整，局部梁架改面朝东南

第二节　象山天后宫保存较好

从文物普查资料看，目前宁波市共有妈祖庙（天后宫）79座，下属市（县）以象山县为最，共有21座。象山县境三面环海，东临大洋，一路贯穿陆地，史载为"皆蕃舶闽船之所经"的海洋要塞之地。在历史上海洋捕捞，海上航运、贸易十分活跃。尤以县南的石浦港，山环水抱，船路曲折，港内南北两岸，大小船只均可停泊，历来为浙海洋中路重镇。其中石浦、东门、延昌原住户，有不少为闽移民，虽与福建远隔千里，却有着千丝万缕的血缘渊源。闽人奉妈祖为海神的信俗，在象山县境内反映最为明显。以下以石浦东门岛等10座天后宫为例，考证妈祖信俗在渔民中的崇高地位与信俗文化的传播。

一、石浦东门岛天后宫

东门岛老道头宫基山麓天后宫为象山县境内保存最为完好的一座。该宫宫址占地面积约2000平方米，建筑面积1280平方米。庙为二进二横，逐步提升。整个建筑为穿斗式与抬梁式相结合。门楼五间，前设石阶九级，山门三洞，双扇厚板门，中门额枋上置朱金雕刻"天后宫"匾额。下有四门簪，书"圣母娘娘"四字。廊柱粗壮，覆盆式柱顶石，高厚古拙，柱上刻有楹联两对，其一为"生于庶民益于贫民恩

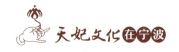

披黎民；出于湄洲功亏九洲惠播神州"。其二为"岛以妈祖秀，一港澄明映日月；人因天妃福，万民款洽辉春秋"。

入门为倒座门楼连戏台，台高 1.95 米，台顶藻井制作讲究，由 8 块弯板拼组而成，中镶嵌圆形铜盆，以收音色，其音色圆润洪亮，有"绕梁三匝有余音"之效。戏台筒瓦屋面，平缓舒展，翼角翔飞入云，充分显示了东方艺术特色。瓦花漏脊，卷尾龙吻，中嵌火焰珠。下塑三顾茅庐人物像。垂脊塑骑马武将，饧兽危坐。台前悬一联："两副面孔，演尽悲欢离合；一曲戏剧，唱醒今古奇观"，耐人玩味。

大殿五开间，五架梁庑殿顶，轩廊卷棚式，梁柱均有各种雕刻，有凤凰、牡丹、狮子滚绣球及人物像，精致美观。殿额枋上悬有"灵昭海国""民不能忘""千秋遗迹"等匾额，为民国时邑人任筱甫、丁希贤等所赠献。殿前有："海不扬波，稳渡显拯遐迩；民皆乐业，遍歌母德开源"和"聪颖睿智贞身自强美德实至天；力效公益扶弱济贫人仪堪称后"等对联。中堂塑妈祖娘娘像，头戴凤冠，衣着金黄色绣花彩袄，神态庄严俏丽。大殿两侧立有千里眼和顺风耳及顶风、平浪等神像。大殿屋面为小青瓦，正脊卷尾双龙吻吐水，中镶火焰珠，下塑双鱼游海的吉祥图案，寓"年年有余"的良好祝愿。背阴为凤翔牡丹。顶五段式葫芦宝瓶，垂脊端塑二武将。屋脊花墙前后书吉祥祝颂，前书"风调雨顺"，背书"合境平安"，充分表达农业社会"仓廪实而知礼节"的深意。

东门岛在象山半岛南端，衔接宁海之东，故名东门。与石浦隔港相望，亦海道要冲。《汉书·地理志》载："越有天门山。"《舆地广记》谓："即今象山东门岛也。"清诗人王植三在《东门竹枝词》诗中云："逶迤山势自西来，谁把天门诀荡开。浪起中流横石阃，天教雄险镇明台。"东门岛像石阃一样，卧在浙东海疆中间，镇守明州、台州之地，为"屏陆隙海，郡之要镇"。唐辟为渔港商埠，宋嘉定二年（1209）立东门寨，元设巡检司，明洪武年间（1387—1394），昌国卫从舟山移置于此，筑有城垣。20 世纪中叶，设气象台于炮台山，预报台风，卓有成效。

东门岛人靠海为生，以渔为业，解放后摆脱渔霸苛杂，始得复苏。20 世纪 80 年代以来渔业兴盛，蔚为"浙江渔业第一村"，一派欣欣向荣的景象。东门岛渔民世代业渔，其海上生涯，出入于惊涛骇浪中，出生入死。渔民祈求神灵庇佑，已成习俗。所奉海神，即为妈祖。相传她曾随父兄来东门，渔船出海遇风，祷之无不应，渔民感其恩泽，在岛东南宫基山南麓原老道观旁，立祠塑像，按时致祭。村民凡提及"娘娘菩萨"，莫不家喻户晓，儿童则称之为"福建来的太太婆"。

此宫的兴建历史悠久，历来为岛上渔民的精神支柱。曾一度借办"渔民子弟小学"。20 世纪 80 年代，学校搬迁，由乡人潘妙青、许良玉等人发起，得岛上渔民鼎力相助，先后耗资 80 余万元，复其原貌，是县内保存最完好、整修最精美的妈祖文化旧址。

按时致祭海神妈祖，在东门岛已成习俗。每年夏历三月二十三为妈祖诞辰，也是东门渔民扬帆出海，北上岱衢洋，捕洋山黄鱼的启程日。出海前举行祭祀庆典和演"庙戏"，确保平安丰收，成为村民一年中盛事。庙会自十五开始，各长元（船主）备三牲福礼，荐享天后，虔诚祈祷，上供必择

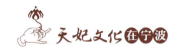
涨潮时分，期财源随潮滚滚来。各长元（船主）还把"船菩萨"及千里眼、顺风耳神，恭恭敬敬放在后舱圣堂神龛内，香烛悉备。引路红灯笼一盏挂在船头，以驱邪保平安。天后宫日夜连台，演戏日期5—10天不等，号"出洋戏"。庙戏过后，趁良辰吉时，顺风顺水，大捕船扬帆北上，也有携家带口去岱山的，船埠上人头攒动，锣鼓阵阵，鞭炮声声，在开船号声中，渔船鼓棹扬帆。

洋山黄鱼汛于夏历六月二十结束，渔船返航归里，再次到天后宫演戏庆丰收，庆祝平安归来，称"谢洋戏"或"还愿戏"，由高产渔船出资包演，盛时连演十天十夜，天后宫热闹非凡，人流如潮。夏历九月初九，为妈祖羽化升天之日，渔妇村姑纷纷到天后宫进香祈福，又是一番盛况。岛上韩素莲等热心乡人，经多方奔走，共襄盛举，于癸未年（2003）九月初九，请人将一尊缅甸玉天后妈祖雕像（像高5.1米，底座4.8米，总高9.9米，意为九月九妈祖升天之日）耸立门头山巅。天后妈祖雕像面朝大海，巡视海洋，护国庇民，保佑渔船渔民平安回归。

在妈祖升天台不远处，有抗倭古炮台遗址，尚有清代古铁大炮两门，是浙东沿海民众英勇抗击外来侵略者的物证。旁边还有观海亭、海神桥、蔡元培雕像题词碑、《渔光曲》拍景纪念碑和毋忘国耻碑、天门馆、古灯塔、二难先生墓等文物古迹。附近景色幽雅，每当潮涨时，海涛拍岩，潮音铿锵。眺望茫茫东海，海天一色，渔舟唱晚，蔚为壮观。

东门岛上民俗民风很好，岛上渔民说与他们信奉妈祖有关。历代渔民碰见海上遇难者，总是停船下来，先救活人，后捞尸体，运回岛上进行治疗或埋葬。岛上村落能真正做到

"夜不闭门，路不拾遗"。东门岛天后宫曾为学校，国家定为文物保护单位后学校搬迁，经过修缮，成为老渔民聊天、休闲和举行文化活动的场所。年轻渔民受妈祖信俗精神影响，有孝敬长辈、关爱他人、精诚相助的道德观和舍己救人的精神文明。❶

二、石浦延昌天后宫

延昌天后宫现在石浦镇内，此地原称盐仓前，原是一片海滩涂，为闽船锚泊之地。那时闽船的船头，均设有一个储放盐的船舱，故这一带塘岸叫盐仓前。新中国成立后，改名为延昌前，与盐仓前谐音，意为石浦城区昌盛伸延之地。

延昌原住户大多为早年福建移民，如纪家、柯家等。虽与福建远隔千里，却有着几百年的血缘渊源。福建商人经海道来此落脚营生，或以石浦为中转点，将甘蔗、桂圆、红糖、柚橙等运销沪、甬各地。这一带海上贸易绵延数百年而不衰，奉妈祖为海上保护神的民俗信仰，随之传入。相传在清嘉庆九年（1804），福州寓户黄其鸣等人捐建天后宫于石浦延昌街。浙江巡抚陈若霖（福州人），捐俸"三山天后宫"，其海涂砌南北二道，以便行旅，勒石道旁，内设三山会馆。嘉庆二十五年（1820）庙宇竣工，前后工期达17年。后由福州闽县举人陈敬丹等福州祖籍人士管理庙事。旁三山会馆，为楼房八幢，称上八间、下八间。会馆是同乡会的别称，其作用是为福建同乡提供援助，协助解决诸如医疗、海

---

❶ 参考当地丁爵连、朱华庭提供资料。

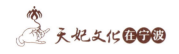

事、食宿、诉讼等事宜。三山是福建福州市的别称，以旧福州城内，有九仙山、乌石山、越王山而得名。

原延昌天后宫背负青山，一泓清流绕宫墙而后东流。占地约2400平方米，建筑面积约1600平方米。殿宇巍峨，气象万千，戏台的顶棚采用传统的藻井结构，层次丰富，雕工精致，具有良好的音响效果，为象山古戏台之最。殿侧厢房及后院精舍为二层楼房。殿、楼、台高下相间，错落有致，雕梁画栋，极尽富丽。新中国成立后，庙宇改办延昌小学，神像悉毁，山门、门楼及戏台被拆。近年来，政通人和，由村人王兴根、刘根全、龚世财、秦美萍等人发起，多方筹资20余万元重修宫庙，建水泥戏台一座，妈祖堂三间，置圣母娘娘塑像一尊，侍立千里眼、顺风耳二神像，使妈祖香火得以万世传薪。

农历三月廿三，是妈祖娘娘诞辰，停泊在石浦港的浙、闽、苏、沪、港、澳、台渔船商、轮船员和当地群众，人涌如潮，都来朝拜妈祖娘娘。管理庙众的柱头和船老大分别在天后宫、延昌船埠头操办庆典活动，妈祖堂悬挂红灯，点烛烧香，三牲福礼满堂。邀请剧团演出5天5夜，有时10天10夜。石浦渔港热闹非凡，每只泊港渔船的桅顶都挂上红灯笼一盏，每对渔船的网船桅杆下摆起五盘福礼，点上红烛、三支清香，供祭妈祖娘娘，虔诚祈祷"保丰收平安"。还有民间的龙灯、马灯、鱼灯、舞蹈等，近千名群众参加庙会，锣鼓声、鞭炮声响彻云霄。

近年来，积极创建渔村村落文化活动中心，延昌天后宫成了石浦延昌泉州会馆。原泉州会馆在延昌老街与东关路廊之间。沿着狭窄的延昌老街石板路，往西行200米，顺着20

余级石阶，就到了红墙青瓦的泉州会馆：大门为石库门，两扇厚实木板门，上额依稀可见"泉州会馆"石刻四字。进大门走 7 级石台阶，有石板铺砌小天井，正屋 3 间，建筑面积约 80 平方米，面朝东南，中堂塑立"保生大帝"神像，左立红脸广泽尊王，右立黑脸清府王爷神像，称之为三王爷。

相传，清乾隆年间，泉州商船常把桂圆、荔枝、核桃、红糖等南货及木材运抵石浦，将这里的海货等土特产运往福州、泉州等地，来往频繁，生意兴隆。泉州商船一般都泊于东关山脚的海岸边，为泉州同乡提供食宿、海事、诉讼等援助，在东关山坡造客栈，曰"泉州会馆"，会馆内供奉天后娘娘为海上保护神。石浦与泉州海道航线的开拓，促进了天后信俗的传播。❶

三、石浦东关天后宫

石浦东关天后宫，在民国《象山县志》中载明：建于清道光年间。在东关路廊北面，海拔 40 米处的小山岗上。清时东关山前，泊满从福建的泉州、惠安、崇武等地来的渔舟和绿眉毛商船，有许多福建人迁居于此。祭海神妈祖的习俗也随之传入。东关天后宫原是一座规模宏大、气势非凡的庙宇。占地三亩多，进山门，为门楼、戏台、大殿、后殿及厢楼，为三进两横，旁有观音阁及生活用房，宫前筑有照壁，是远近闻名、香火鼎盛的妈祖庙宇。

民国十五年（1926），东关天后宫毁于一场大火，成了

---

❶ 由丁爵连、龚世财提供资料。

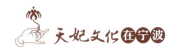

焦土，当时宫柱头叫阿祖（女）师父，迫于无奈，将从大火中救出的"圣母娘娘"佛像运藏到天台国清寺。后由国清寺方丈资助，重建宫庙，现大殿中堂石柱上书有：民国二十一年（1932）岁次壬申秋月吉旦，石刻对联书："海不扬波纵无岸无边，稳渡慈航于旦夕；民皆乐业应诚惶诚恐，群歌母德最高深"。宫庙于民国二十一年重建后，大殿为七间，今中堂悬挂"圣母殿"匾额，堂中置"圣母娘娘"座像一尊，后殿比前殿高出三尺，亦为七间，前、后殿之间两侧各有二幢厢楼。后殿曰慧云庵，有观世音菩萨、弥勒佛等造像。

当时重建成前、后殿后，宫庙因资金不足停建，阿祖师父不辞辛劳，去宁波、杭州、临海等地苦口婆心化缘，复其原貌，当地士绅也有答应出资赞助，但阿祖师父在三门蛇蟠定好石料返回东关后，不幸得病亡故，庙宇修复从此停工。后因战乱，一直未能复其原貌。现在人们看到的是前后两殿十四间和两旁厢楼四幢。

20世纪50—70年代，东关天后宫被作为石浦竹器生产合作社办公用房及职工家属住宅。现除前殿中堂已被恢复为"圣母殿"外，其余房屋仍为居民住宅。东关天后宫，坐西北朝东南，环境幽雅，背倚青山，面临渔港，铜瓦门跨海大桥尽收眼底。❶

四、石浦南关桥外天后宫遗址

此宫当年威踞海隅，俗称大宫。据民国《象山县志》

❶ 由丁爵连、樊阿万提供资料。

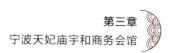

载：石浦南关外天后宫。《雍正县志》谓在石浦南关桥外，在康熙年间由王廷凤等人倡捐重建，里人即设廷凤像，祀之后殿。王廷凤是福建晋江县人。康熙任定海镇，每岁巡哨倭寇，泊舟石浦，捍卫地方。又捐俸重建天后宫。民感其德，置像于天后宫后殿，祀之。

又考史志：康熙十四年（1674），邑都司王焘、千总王天才并死于难。王廷凤之巡哨，当即其时。若倭寇之乱，自元至大二年（1309）起，至明嘉靖三十六年（1557），王直来降而止。康熙间无倭寇，廷凤巡哨倭寇兴其时不合。又考《定海县志》：康熙间总兵官有吴英、王大来等六人，而无王廷凤姓名。又其时，游击有王腾、王珍、王天贵，并守备王导，亦无王廷凤名，岂定海志轶其名。与其因巡哨泊舟，而得祠祀于石浦，则其德泽之及于民者深矣，附订于此。

此宫于清乾隆四十年（1775）重修。《蓬山清话》曰：天后宫在石浦城，南门外。又一在南门外，大约海裔皆祀之。吴志伊《十国春秋》有传一篇。父都巡名愿。❶郎瑛《七修类稿》记载："天妃，莆田林氏都巡君之季女也，幼契玄理，预知祸福，在室三十年。宋元祐间，遂有显应立祠于州里。元至元中，显圣于海，护海运。万户马合法忽鲁循等奏立庙，号天妃。明洪武初，海运风作，漂泊粮米数百石于落祭，万众号泣天妃，则风回舟转，遂济直沽。封昭应、德正、灵应、孚济、圣妃娘娘之号。自后海舟显圣不一。四方受恩之人，遂各立庙，故今到处有之也。"❷

❶ 郑鹤声，郑一钧.郑和下西洋资料汇编（增编本）［M］.北京：海洋出版社，2005.

❷ 郎瑛.七修类稿［M］.上海：上海书店出版社，2009.

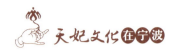

此宫于 1956 年遭遇台风灾害,部分庙宇被毁。1960 年拆建为石浦工人俱乐部,遂废。俱乐部后改修为水产公司职工宿舍。

五、南田岛金漆门圣母宫

此宫在南田岛金漆门渔村。民国时,这里曾为三门湾渔业会所驻地。宫址在小南山嘴岗坡、金漆门水道口北,俗称天后娘娘宫,坐东朝西面临猫头洋。建于清同治五年(1866),占地千余平方米。有大殿三间,建筑面积 63 平方米,原殿南有露天石戏台一座,在"文革"中被拆除。

清光绪十二年(1886)十月重修,有梁上"台州渔胞南田岛金漆门圣母宫金贵庚等十六人捐银重修,飞龙光绪十二年菊月吉旦""信圣母宫邦公建启"记载为证。1999 年 2 月,本村及附近村民集资重修圣母宫,在南首扩建边屋两间,山脚铺台阶 213 级至圣母宫。在建宫时考虑岗坡风力大,大殿为封闭式建筑,迄今保持着原貌。

在"拜佛拜一世,不如门头佛拜一记"的传统信仰下,这座建在金漆门水道门头边的圣母宫,历年来香火鼎旺。每年农历三月廿二夜护佑期,此宫连续做戏五至七天,举办庙会祭祀妈祖菩萨。有来自三门、高塘、石浦、鹤浦信徒多达近千人参与。❶

---

❶ 由潘三尊提供资料。

六、石浦对面山岛湖礁湾圣母娘娘庙

湖礁湾渔村在石浦东南 3 公里处，对面山北麓，与东门岛灯塔隔港相望，相距最近处 150 米。清光绪元年（1875），始迁祖从三门迁此建村。全村 80 余户，楼、刘两姓居多，靠海为生，以渔为业，出没于惊涛骇浪中，出生入死，渔民祈求神灵庇护，便成习俗。所奉海神，即为妈祖，当地人称之为圣母娘娘。

在村中央建有天后娘娘庙一间，坐北朝南。两侧墙上画有张果老、蓝采和、曹国舅、汉钟离、何仙姑、吕洞宾、韩湘子、铁拐李八仙人像图。中间塑立天后娘娘神像一尊，两旁塑千里眼、顺风耳及财神、土地神像。每岁三月廿三圣母娘娘生日，七月半念太平佛，在庙前及村中路口放旱灯，点烛进香者甚多。

庙南面山上，有坑道井一口，井水清澈甘洌，可供自流引用。庙西翻过小山岭与对面山村相邻。庙东岬角雄踞，海岩嶙峋，斗风搏浪，海融岩洞多处，可供戏耍坐卧，采贝拾螺，且有长 500 米的大沙滩，曰黄沙湾。庙北有一长方形的大岩，有东门门头航门，下有石老虎礁，地势险要，海潮汹涌，海舟入港，可临白村北海湾，此处筑有石砌道头一座。有渡轮一艘可载客 180 人，每日四班，往返于湖礁湾—对面山—东门—石浦之间。原在村北造有铁架灯塔，与东门门头岬角的古灯塔相映照。环境幽雅，林木葱郁，鸟鸣蝉唱，海鸥盘旋，岛礁、沙滩、蓝天、碧海、阳光，令人喜爱。❶

---

❶ 由丁爵连、郑松才提供资料。

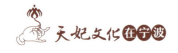

七、石浦昌国蛟龙村柴岙龙圣宫

在昌国东北三四公里处，沿着岳头沙滩往东，有一座山势如蛟龙般逶迤的大湾山冈。其东南麓有一自然村叫柴岙，属蛟龙村。清乾隆年间，黎姓祖宗从宁海迁入建村，初以打柴为业，故称柴岙。现农渔兼营，村有码头，供渔船停靠避风。供奉天后娘娘的龙圣宫，就坐落在柴岙村东头。

据说，清朝末期，有村民在沙滩发现随着海潮漂来天后娘娘木雕像一尊，有人捡回家供奉。一晚，村民做梦，梦见天后娘娘开口，自述她从福建来，若建庙祭之，定会保佑渔民，出海风平浪静，捕鱼满舱而回。此事传扬开来，蛟龙、岳头等地村民纷纷相助造庙，曰龙圣宫。有大殿五间，供奉天后妈祖娘娘，立其为海上保护神。至"文革"遭拆毁，改建为小学。20世纪末，村民黎阿宝见学校合并，宫址闲置，于是发动渔船主人资助，募得3万多元，于1999年重修。

新修之龙圣宫，恢复晚清建筑原貌。门楼连戏台，两旁有厢房，共五间大殿，建筑面积约120平方米，中有小天井，约30平方米。庙为二进二横，左右对称，渐进递升。上大殿有石阶四级。大殿正中供奉天后娘娘木雕神像，东西两侧置平水大帝、张元帅、田元帅、小将军、土地、财神诸神像。正殿柱上有对联三副，由外及里分别是："人生忠气山河壮，千载精神日月光"；"山川结为衣冠气，南海莲花九品香"，题额为"龙圣宫"；"天后舍身救圣主，千年万载美名扬"，题额为"天后娘娘"。门楼戏台也有对联云："玉笛飞声赤风来，金铃对舞红莲拆"。

每年佛事最盛是正月十四和三月廿三天后娘娘诞辰日。

按传统习俗，在正月初六那日，燃稻草给天后娘娘烘脚。正月十三晚上，娘娘神像"出迎"。全村村民轮流作东接迎，一年轮一户人家。轮到的村民，所有的佛事开销均由其承担。他得把佛像迎到自家堂前，献上三牲、福礼供奉三日，然后恭送回龙圣宫。正月十四晚上，在村里大晒场上做戏。并有"同兴"表演绝技，背着大旗串阵，用燃烧着的火圈绕身转，甩刺球，挥大刀劈自身，直劈得血淋淋，待娘娘佛像回龙圣宫后，其伤口自愈。这种表演过于血腥，现已失传。三月廿三天后娘娘诞辰，大多是演戏娱神。

龙圣宫香火颇旺，周围的岳头、半边山、昌国、石浦等地渔民也赶来点烛烧香。据说在天后妈祖庇佑下，渔民捕鱼产量高，生产安全。为此，渔民认为妈祖娘娘法力广大，进而衍生出了种种神话。❶

八、花岙岛圣母娘娘庙

花岙岛位于高塘岛南，西靠三门湾口，东临南田湾，因岛上多花鸟，故称花鸟岛。又因孤悬于海，亦名悬岙岛。后二名合一称花岙岛。岛有一峰，雄伟挺拔，巨岩屹立，高200余米，状若大佛之头，故别称大佛头山。有史籍载，唐、宋有日本人入贡，依此山为向导。岛南部雉鸡山南坡为花岙村。

清光绪元年（1875）开海禁，杨姓祖自温岭大溪迁此建村，全村150户，现金姓居多。农渔兼营，渔业从事近海捕

---

❶ 由潘文戈提供资料。

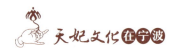

捞和养殖。村民历来奉天母娘娘为海上保护神，建庙三间，建筑面积约80平方米。坐西北，朝东南。庙北的雉鸡山上有张苍水屯兵遗址，为县重点文物保护单位。庙南临三门湾猫头洋，庙前有一片弓形沙滩，据说其旁有一排大樟树茬。东为德人山。翻过小山坳为清水澳，天筑塘有鹅卵石滩，"多五色玲珑石子"，海岸边有一片蔚为壮观的石林，令人赞叹不绝。今有乐清人在此开发旅游风景区。

庙中堂立圣母娘娘塑像一尊，旁侍立宫女两人，两侧塑有财神、土地、判官等神像，栋梁上有"民国戊午年三月立"墨迹，悬挂有"水德参天"的匾额和"神威显赫"的横幅，庙内烛光通亮，香火萦绕。

每年三月廿三，举行娘娘生日庆典演戏娱神。七月半前，村上众多信女在此念太平佛，请道士来放焰口，做几只纸船点上蜡烛，傍晚时在庙前沙滩施放水灯，祈求天母娘娘保佑全村老少平安，海上船只太平。❶

九、高塘岛珠门圣母娘娘庙

珠门村在高塘岛西4公里处，南临珠门港，建有石砌道头两座，西抬头可见宁海满山岛，属猫头洋海面，东邻金高椅村。珠门全村200余户，900余人，清咸丰六年（1856），梅姓迁此建村。现村中胡姓居多。村民农渔兼营，以渔为主，今130户从事紫菜养殖，40余户从事近海珠门港张网作业。

---

❶ 由潘三尊、丁爵连提供资料。

天母娘娘庙坐落在村西老爷山嘴秆岩下海拔 18 米处，坐西北，朝东南。庙仅一间，约 30 平方米，大门额书："天母娘娘保佑"，楹联书曰："男男女女平安无恙，家家户户人财两旺。"庙中佛龛置圣母娘娘塑像一尊，东首墙上悬挂"慈母关爱"锦旗数枚。此庙建造年月久远，但无文字记载。据村中老人回忆与建村同时，即清咸丰六年（1856）。

渔民奉圣母娘娘为航海保护神，每岁农历三月廿二护夜，廿三为妈祖诞辰日，礼拜娘娘菩萨，备三牲福礼。七月半念太平佛，扎稻草船数十只，置纸灯其上。在珠门港顺潮而漂，曰"放水灯"，祈祷捕鱼人太平无事。庙里香火旺盛，供奉者众。

2000 年，由来自珠门办石厂的三门人出资重修。❶

十、涂茨毛湾天后娘娘宫

从丹城驰车往北，经大徐镇汤家店，往东到涂茨镇前山姚，折南穿过隧道，约 20 分钟，即到毛湾渔村。村东原有一大石，相传康王赵构避难象山，登此上马，后人称"龙马石"，村人别称"上马石"。村西南庙龙虎逶迤，东南有海湾，以猫头嘴得名猫湾，谐音"毛湾"。

村民以渔为主，奉天后妈祖为海上保护神。百余年前在猫湾嘴涂滩旁，立祠塑像祭之。每当大风来临，渔船避风，泊舟于宫前，宫庙里香火旺盛。善男信女虔诚祈祷天后娘娘保佑，祷之无不应，渔民感其显应，纷纷来还愿，致祭天后

中国起源地文化志系列丛书

---

❶ 由潘三尊、丁爵连提供资料。

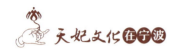
娘娘，送来锦旗、匾额数帧，上书"神威显灵"四字。宫庙虽只一间，但远近闻名，附近十里亭、后七埠等村民，每岁五月初五（端午节），来宫朝拜者络绎不绝，宫里烛火通亮，香烟萦绕。

2000年8月，因猫头嘴围筑海塘，村民商议，迁宫庙至村东上马石旁。现宫为三间，砖木结构，约60平方米，前为水泥天井，约50平方米，外砌围墙，设大门两扇。东首一间，置天后娘娘座像一尊，旁侍立千里眼、顺风耳神像。西首两间，为出资建庙者倪惠凤夫妇的生活用房。

近年来，因海洋资源衰退，毛湾人转产改业，从事建筑业和经商者、办企业者不少，渔业人数逐年递减。但乡人祭祀妈祖习俗未变，逢年过节，皆来天后娘娘庙，点烛上香，祈求幸福。

第三节 天妃文化相关的商务会馆：
庆安会馆、安澜会馆

会馆是明清时期在都市中由同乡或同业组成的封建性团体，出现于明代早期。明中期以后具有工商业性质的会馆大量出现。在会馆类建筑中，只有宁波的庆安会馆和安澜会馆是"宫馆合一"的特色建筑，既是会馆，又是天后宫。这一典型的"宫馆合一"的建筑群体，在全国重点文物保护单位中未见有先例。它使会馆与天后宫珠联璧合，相得益彰，有力促进了天妃（妈祖）信俗的广泛深入传播。

一、庆安会馆

庆安会馆是现存的国内七大商务（帮）会馆之一，同时又是八大天后宫之一，也是浙江省唯一保存完整的"宫馆合一"的建筑群，该会馆建筑之宏伟，保存现状之完好，在历史上发挥的作用之卓著，在全国同类型的会馆中也不多见，为弘扬宁波城市地域文化精神做出了贡献。

庆安会馆位于宁波市江东北路 156 号，地处奉化江、余姚江、甬江汇合的三江口东岸。又称"北号会馆"，是从宁波港行驶北洋的舶商航工聚会、娱乐以及航运行业日常办公、议事的重要场所，又名"甬东天后宫"。它始建于清道光三十年（1850），占地面积约 5000 平方米，建筑规模宏

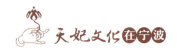

庆安会馆石碑

中国起源地文化志系列丛书

大，气势雄伟，建筑构造独特，工艺精湛，集中反映了宁波传统的建筑技术水平与特色。清代庆安会馆的建立，为当时宁波航海事业的发展做出了很大的贡献。其中一个重大举措是北号舶商率先斥巨资引进了我国历史上第一艘机动船——"宝顺轮"。宝顺轮的引进与使用，是当时庆安会馆的一桩大事，是北号商团成员接受西方先进科学技术思想的重要例证。投入使用后，先后共击沉海盗船68艘，击毙盗者2000多人，平定了北洋与南界商域，使宁波庆安会馆声誉大振，引起了朝廷以李鸿章为首的洋务派官员的关注；使宁波港在近代工业化的道路上迈出关键的一步，从而意味着我国海运木帆时代的结束。

（一）庆安会馆的建筑布局

庆安会馆平面呈纵长方形，坐东朝西，中轴线上的建筑依次有照壁、接使（水）亭、宫门、仪门、前戏台、正殿、后戏台、后殿，左右为厢房、耳房及附属用房。

庆安会馆之三

宫门为三开间、抬梁式、双卷棚、硬山顶、三马头封火山墙。抬梁下饰悬篮，卷棚鸳鸯式，磨砖内墙。正立面为砖墙门楼，门楣用14幅人物故事砖雕和仿木砖雕斗拱进行装饰，勒脚石雕凸板花结，墙面精工磨砖；背立面为敞开式，上部饰栏杆形成假二层楼式。仪门（二门）为五开间，穿斗式、重檐硬山顶、四马头封火山墙。前廊双卷棚。檐口蟠龙石柱六根，八字式石作墙头，明闾门前有安抱鼓石一对。进门为屏风八扇，屏后设戏台。梢间安装扶梯通戏台和看楼。

前戏台为歇山顶，筒瓦覆面，翼角起翘。台内藻井为穹隆式结构。平身科斗拱每面设四攒，斗拱做法极为别致，突出装饰性。台后装有浮雕贴金屏风门八扇，屏边左右各一门，为演员"出将""入相"进出通道。左右两侧为前厢房（看楼），面阔四间，楼上安装摺锦栏杆，并设花窗，楼下

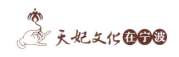

敞开式，檐口用方形石柱，磨砖内墙。与正殿分隔的马头墙垛头部分，装饰砖雕人物、花草等图案。正殿为五开间、重檐硬山顶，明间抬梁式，次间、梢间穿斗式，前设双廊卷棚顶，五马头封火山墙。梁架结构为中间五架抬梁、前后双步梁，下檐为鸳鸯式卷棚。明、次三间屋顶做成假歇山，四角翼然，高耸雄伟。次间与梢间之间用磨砖墙分隔。下檐斗拱正面出挑用二层云头装饰，檐柱为雕刻蟠龙、凤凰的石柱，柱间用朱金木雕龙凤花草图案的挂落相连。两侧八字墙头，分别嵌有两块长方形的浅浮雕石刻，内容为"西湖十景"。

后戏台建筑形制与前戏台基本相同，前、后戏台交相辉映，珠联璧合。左右两侧为后厢房（看楼），面阔三间，建筑形制与前厢房（看楼）相同。后殿为五开间，重檐硬山顶，明间抬梁式，次间、梢间穿斗式，前后廊卷棚顶，四马头封火山墙。二楼前檐设走廊，镂空锦窗，楼下后廊设阔檐巡道可通左右附属用房，后筑高耸围墙。后殿原为庆安会馆董事会日常管理用房，重要会议以及每年春秋同业聚会，多在楼上进行。

（二）庆安会馆的雕刻艺术

庆安会馆建筑的1000多件朱金木雕和200多件砖、石雕艺术品，正是起到了满足愉悦人们特定美感的要求，拓展了建筑的意境，使建筑物置于令人空灵遐思的地位。庆安会馆的这些建筑构件，采用宁波传统的雕刻工艺，历百余年寒暑仍不失奇妙光彩，充分体现了清代浙东地区雕刻艺术的至高水平，显示出宁波工匠非凡的聪明才智和超凡脱俗的雕刻技艺，不仅具有很高的观赏价值，而且也为研究我国雕刻艺术提供了实物例证。

会馆的雕刻艺术之一

1. 砖雕

砖雕是庆安会馆建筑中的主要装饰手法，百余件作品主要分布在门楼和内部高大的马头墙垛头之间。砖雕题材内容广泛，构图布局严谨，人物造型生动，雕刻技法精细，画面层次丰富。其中门楼门楣以上部分均由砖雕组成，最上一层为仿木斗拱，承托屋顶；中间一层正中嵌有"双龙戏珠"匾额，上有"天后宫"贴金砖刻大字，更显庄重威严、至高无上，左右两旁高浮雕人物、花卉、走兽；下一层为浅浮雕博古图案。建筑内部的砖雕，以民间传说中三星、和合、八仙、九老和戏剧故事为主要内容，配以各种动物、植物和几何图案，惟妙惟肖，令人目不暇接。

2. 石雕

石雕，集中反映在正殿一对蟠龙石柱和一对凤凰牡丹石柱上，柱高四米多，采用了高浮雕和镂空相结合的雕刻技术，形态逼真，构思独特，配以精致的柱础，为国内罕见的石雕工艺精品。蟠龙石柱，盘龙须眉怒张，利爪奋攫，周身云雾翻滚，两只蝙蝠在云雾中上下飞舞；凤凰牡丹石柱，上截是凤，下截是凰，半露柱外，中间为盛开的牡丹。紧靠着凤凰石柱的墙面上各镶两块梅园石浅雕条屏，浮雕深度不到一厘米，将"西湖十景"图做了精雕细琢，与龙凤石柱一起形成了粗犷与细腻的对比、展现了动与静的韵律之美。会馆内还有台阶御路、须弥座台基、抱鼓石、柱础、内墙勒脚等石构件，或高浮雕历史故事，或浅浮雕蟠龙、耕织图案，或线刻花草动物，繁简精粗，各得其妙，天趣横生，美不胜收。

会馆的雕刻艺术之二

3. 朱金木雕

朱金木雕作为浙东地区的传统工艺，大量使用在庆安会馆的木构件上，题材内容丰富，雕刻手法多样，雕刻技艺精湛，经过油漆、贴金、拨朱、上彩，更显得富丽堂皇、高贵典雅。梁、枋、撑拱、装板、围板等以民间故事、戏剧人物为主，如"云游仙境""教子升天""三英战吕布"等，采用高浮雕和镂空雕相结合的雕刻技法；雀替、挂落、戏台藻井、栏杆节子等以飞禽走兽、奇花异草等图案为主，如"凤报春花""龙凤呈祥""富贵牡丹"等，采用透雕技法；斗拱、戏台围板、窗栏板的云纹、荷叶纹、几何形图案采用浅浮雕技法，使木构件雕刻层次更加丰富，艺术效果臻于完美。

诸多雕刻使该馆建筑犹如组合得体的精美艺术品，加上建筑构件的丰富多彩和美轮美奂的精湛技艺，给人们带来独特的、渗透原始东方海洋文化精神的、难以穷尽的艺术享受。

会馆的雕刻艺术之三

（三）庆安会馆的营造特点

庆安会馆建筑的平面设计，采用了中国传统的院落和空间围合手法，沿纵轴方向层层推进，同时增加了纵轴线上的

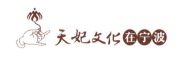

建筑物，整个建筑群层次分明，淋漓尽致、深度有序地形成充满文化意蕴的多个空间。

在建筑立面上，逐步抬高的每幢建筑台基高度和地坪高度，富有变化的建筑物形体和空间，主次分明的屋顶形式，高耸参差的马头山墙，无不烘托出高大雄伟的正殿，显示出庆安会馆庄严、气派的建筑外观，使人们的观感在不断变化中渐入佳境。垂直的柱子，通过上部梁、卷棚的曲线对比，在建筑物中造就一种独特的美感。该馆构造别具特色，特别是正殿硬山式假歇山顶做法，在宁波现存古建筑中较为少见。斗拱做法突出装饰性，戏台平身科斗拱从坐斗上正面出挑头昂三层，左右再45度斜出云头昂二层，每攒斗拱之间用三道透雕花板连接，角科斗拱更为密集；戏台藻井由十六条昂拱层叠而成，呈螺旋式盘索至宝镜歇顶的穹隆式结构，体现了宁波工匠高超的技艺。宫门做成假二层楼式，使房顶显得高大气派。厢房层敞开式成回廊，扩大了院落内的空间。整个建筑群用材硕大，制作精巧，集中反映了宁波传统木结构建筑技术水准的日臻完美和个性特质。

该馆建筑的色调运用，可谓别出心裁。整个建筑群以朱、金、灰三种颜色构成色彩基调，木构件敷以红色，大量的木雕部分用金箔贴面，磨砖墙面、石板地面、屋面呈灰色，充分体现了庙宇建筑肃穆、庄重与高贵的格调。会馆内的前、后双戏台建筑形制，在国内前所未闻，其分别为祭祀妈祖和行业聚会时敬神演戏之用。同时，后殿作为会馆日常办公、重要议事之处，体现了天后宫与行业会馆的双璧齐辉的功能。

二、安澜会馆

安澜会馆，位于宁波市三江口东岸，在庆安会馆（北号会馆，在国内经营北方贸易）南侧，世称"南号会馆"（在国内经营南方贸易），由此形成了宁波独有的南、北号两会馆并立的格局。

安澜会馆由甬埠南洋舶商于清道光六年（1826）创建，整体建筑坐东朝西，依次为宫门、前戏台、大殿、后戏台和后殿。宫门是五开间硬山顶；前戏台是歇山顶建筑；大殿是安澜会馆的核心建筑，为五开间硬山顶；后戏台是歇山顶建筑；后殿是五开间抬梁式硬山顶建筑。安澜会馆是祭祀航海保护神天后妈祖的殿堂和行业聚会的场所。会馆内建有祭祀妈祖和行业聚会时演戏用的两个戏台，为国内罕见。整体建筑规模宏大，气势雄伟，建筑构造独特，工艺精湛。

妈祖祭台的建筑风格与庆安会馆略同。山墙为观音兜，高大肃穆。戏台玲珑精美，大殿气势宏伟，卷棚、雀替、栏额都有精致的朱金木雕图案，显得富丽堂皇。明、次三间栋梁饰有描金龙凤，栩栩如生，极为珍贵。建筑装饰中的砖雕、石雕刻工精湛，图案华美。会馆内建有前后两戏台，与庆安会馆形成两个会馆、四个戏台的独特格局，为国内罕见。

1992 年，安澜会馆被公布为市级文物保护点。2000 年，宁波市政府将安澜会馆迁建于庆安会馆南侧，使两会馆珠连璧合，相得益彰。

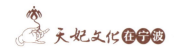

第四节　商务会馆将天妃文化推向高潮

　　天妃信俗作为一种乡情和文化纽带，是会馆舶商、船工人心凝聚的核心。宁波商人长年经营、积累历史经验的商帮会馆文化，各种祭祀活动丰富了天妃文化的内容和形式，各种商业活动加强了人们对天妃文化的理解和接受，逐步把天妃信俗文化推向新的历史高点。

一、在当地举办各种形式的祭典活动，促进地方民族文化精神的传播

　　如宁波北号舶商所建庆安会馆和南号舶商所建安澜会馆，都奉天后妈祖为保护神。不但在南北号所有船舶上，均供奉妈祖神龛，而且在帆船装载足额，扬帆出海时日，诸船都张挂红黄小旗，中桅升起"天上圣母"的白底红字大旗。锣鼓爆竹，响彻云霄，神龛供牲，香烛缭绕。船上众人顶礼叩拜，参拜者皆缄口默语，言行举止颇为谨慎，如吃饭时筷子不能搁在匙上，碗碟盆匙都不能侧置倾倒，帆船到达目的地，忌讳说船到（倒）了，改曰船进了。北上南归，都要在进港时向神龛拜祷。船上炉香一路点烧不尽。而且在春节、中秋和妈祖诞生日，都要举办各种祭典活动。其中农历三月廿三妈祖诞辰日的祭祀大典最为隆重。当天，会馆内外整洁一新，旗帜飘舞，殿内珠灯齐明，祭

台上供奉着各商号提供的丰盛祭品，祭祀典礼由地方官员或绅士主持，从祭人员依次参拜，渔民信徒扶老携幼前来祭祀、叩拜，以祈求航海平安。最吸引人的是祭祀活动中的民间艺术表演，秧歌、舞狮、戏剧等节目奉于戏台，人神共娱，热闹非凡，如此盛况要连续数日。同时，每当船帮舶商有新船下海，须置一船模供于庆安会馆或安澜会馆内，意为常得妈祖护佑。这种类似民间庙会形式的活动，不但丰富了民间妈祖信俗的内容，而且弘扬了地方民族文化精神，强化了市民对民族"祖根文化"的承继。

二、会馆商人群体在行商中弘扬发展天妃文化

会馆商人信奉妈祖，建造宫庙传播妈祖文化，在各地碑记中均有明确记载。如由江浙、福建茶商所立的锦州天后宫《安澜海神天后碑》记载："若天后之功德，淼沦宇宙，洋溢江淮，诚有无远不届，历世维新者焉。是以会馆之兴，在所必有。"上海《泉漳会馆兴修碑记》："会馆者，集邑人而立公所也。会馆而有庙，有庙而春秋祭祀，遵行典礼者。盖生逢国家升平之日。设关招商，遐迩毕至。吾邑人旅寄异地，而居市贸易，航海生涯，皆仰赖天后尊神显庇，俾使时时往来利益，舟顺而人安也。"无论是从事"居市贸易"或"航海生涯"的商人，都把他们在客地商埠兴建的会馆天后宫，当作"联商情而敦梓谊"和"法至良、意至美"的举措。妈祖信仰是他们共同的精神支柱，而会馆则是自我约束的管理机构。会馆天后宫在很大程度上，成为鼓舞他们团结一致协力奋斗、开拓经营和发展事业取得成功的精神力量，促进他

们海上商贸活动的开展。

三、促进各地港口商埠的开发，促进地方文化建设

会馆天后宫的数量和规模，在一定意义上成为一个港口商埠开发和地方民俗文化繁荣程度的标志。许多港口商埠的复兴史和开发史，往往与会馆天后宫的修复联结在一起。宁波原是个古港，然在遭明末清初的"倭患"和海禁之后，港口和天后宫均已颓废，迨"清康熙二十三年后，海禁既弛，闽粤商贾辐辏其地，海中屡著灵异，捐资修建，金碧辉煌，为城东巨观"。上海港开发后，各地客商与大批宁波商人涌向其地，设立以妈祖信俗文化为主体的会馆，不但开发了上海港，而且活跃了上海的民俗文化。以清康熙五十四年（1715）创建的第一座会馆——商船会馆为标志的山东烟台为例，"其始不过一渔寮而已。时商号仅二三十家，继而帆船渐多。迨道光之末，商号已千余家矣。维时帆船有广帮、潮帮、建帮、宁波帮、关里帮、锦帮之目……商号虽多，亦多在天后宫左右"。❶可以说此天后宫的兴建，是烟台跨入近现代港口城市的见证。

四、会馆还有一个重要特色，就是在经营上按商业模式运作

当时的会馆按运货或进货的数额抽取厘金，作为常年

❶ 蒋维锬.妈祖研究文集［M］.福州：海风出版社，2006.

香灯经费，同时又用积累的厘金购置房地产，作为永久性的祭业（即庙产）。这些祭业由会馆选举董事会负责管理，并定期公布收支情况。同时还把产业的坐落、范围、面积等详细开列，刻碑永记，以防止被人侵占或吞没。如上海泉漳会馆自乾隆年间建馆至道光十一年（1831）累计购置房产 18 处，计 240 间；田园地产 5 处，计 26.5 亩。所有祭业经注册税契之后，受到法律保护。会馆的祭业收入除用于香灯开支外，还投资兴办各种公益和福利事业。宁波庆安会馆的管理井井有条，内设司账、文案、司书、庶务、办事员、勤工、厨司，各司其职，还伴有保安会、消防组织，并聘请校长、教师办有小学。❶

近代以妈祖信俗为中心的宁波商务（帮）会馆，成为舶（漕）商与船（漕）工行业聚会、商讨事务和娱乐的场所。这种喧闹与繁荣持续了 30 余年，以后便慢慢地衰落了下去。究其原因，有研究者认为与太平天国的军事行动有关，"陷宁波"致使市贸萧条。其实不然，因为太平军虽陷宁波，但对海运与海外贸易尚无多大影响，况太平军陷宁波时间不长，只在咸丰末年（约 1861）至同治二年（1863），不到两年的时间，且"维持市贸"，于商贾无损。真正的原因，一是"迄光绪问干戈既戢，内地交通恢复，而海外运输轮舶交织，南北号乃一落千丈"。二是出于地理环境造成的"资源不足"和宁波人天生"四海为家、行走天下"的行商意识与性格。特别是宁波的钱庄业主，逮住

---

❶ 苏文菁，韩朝.社会变迁视角下的妈祖庙功能分析——以涵江霞徐天妃宫为例［J］.发展研究，2016（5）.

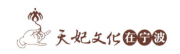
上海新港开发和"下南洋"的商贸发展契机，漂洋过海地去外埠"学生意"，致使自家"屋门口"的市贸逐年冷落下来。随着商业上的逐年萧条，南北号的那些巨商大贾再没有了祭神求福的热情，那些为船商跑腿的伙计也改投了其他的门庭，市内天妃宫曾一度变得冷清。其财产甚至被北洋船舶各商号贪财小人觊觎变卖，以至于清光绪三十年（1904）鄞县知县发了一份庆安会馆的告示："示仰各号人等知悉，尔等须知庆安会馆捐资集腋成裘，置买房产，租息以供祀事修理所买房产，不准变卖以垂永远，自示之。后倘敢故违许该董等指名禀县，以凭惩办，决不宽贷，勿违。切切特示。"不知这份告示是否真正起效用，唯有后来庆安会馆和天后宫的建筑，默默地见证了半个多世纪的纷乱扰攘。

1997年宁波市文化局组织修复庆安会馆，2000年迁建安澜会馆于庆安会馆南侧，将两会馆辟为浙东海事民俗博物馆供人们参观游览。馆内设有妈祖信俗、海上丝路、船史文化、海事民俗文化等陈列展览，成为一家弘扬妈祖信俗文化的专题博物馆。❶

1. 妈祖祭祀场景展示

大殿是祭祀朝拜妈祖的殿堂。历代皇帝对妈祖多次册封，同时皇帝还颁诏天下行"春秋谕祭"，并编入国家祀典。该陈列通过大殿内祭祀妈祖的场景展示，以及大殿汇集的宁波地方工艺"三雕"（砖雕、石雕、朱金木雕）的精湛艺术，

---

❶ 黄浙苏.信守与包容——浙东妈祖信俗研究［M］.杭州：浙江大学出版社，2011.

反映了妈祖从地域崇拜逐渐成为全国乃至世界范畴的航海女神的历程，从中揭示出人们追求"真、善、美"信仰的真谛所在。

2.《天后圣迹图》壁画

厢房两边 8 幅《天后圣迹图》壁画，形象地展示了天后（天妃）从出世到羽化升天及各个时期所做的诸如海上救难、消灾治病、帮助朝廷运漕粮、破倭寇、收复台湾诸种善事，其间得到历代皇帝的册封，由"夫人"而"妃"，而"天妃"，以至"天后""天后圣母"，由此揭示出妈祖文化产生的历史根源。左厢房 4 幅：（1）林默出世；（2）羽化升天；（3）佑保漕运；（4）除疫救瘟。右厢房 4 幅：（1）钱塘加封；（2）龙柱显圣；（3）助战破倭；（4）诏封天后。

3.《明州与妈祖》半景连环画场景（4 幅）

半景连环画系目前国内新兴的一种展示形式，该半景画艺术地表达了北宋宣和五年（1123），给事中路允迪等乘定海（今镇海）打造的神舟，从明州（宁波）奉使高丽，途中突遇狂风巨浪，船翻人溺，在危急时刻路允迪等求祷于妈祖后得以济使顺归的故事。路允迪使团回国后宋徽宗闻此事大悦，钦赐"顺济"庙额。从此妈祖信仰得到朝廷的认可，并且借助明州（宁波）传播到全国各地，妈祖则成为中华民族的航海保护神。

4."妈祖与中国红"陈列场景

本陈列大胆采用高分子硅胶造像，呈现了妈祖少女（闺房）、成年（书房）和化神（寝宫）三个充满个性的形象，并与具有鲜明浙东地区民俗文化特色的为境内外学者誉称"十里红妆"的朱金木雕为代表的红妆家具融为一体，从中

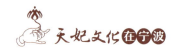

提炼出红衣女神——妈祖与"中国红"这一鲜明的个性化主题，向人们展示人文化的、富有江南特色风范的航海保护神形象，体现妈祖文化再度向地域化演进的历程。该陈列设5个展示厅：（1）闺房；（2）绣房；（3）书房；（4）琴房；（5）妈祖寝宫。并在左右厢房配置大型壁画。

5. "宁波与'海上丝绸之路'"史迹陈列

妈祖信仰由于朝廷的褒封加快了其传播速度，但信仰的远播是海事活动频繁的必然结果。"海上丝绸之路"的拓展，促进了妈祖文化的进一步传播。唐宋以来，宁波随着航线不断地开拓与延伸，不但成为与世界各国、地区进行商品交换的大埠，而且成为文化交流的重要窗口。妈祖文化由此传入浙东地区，同时又随着"海上丝绸之路"传向世界各地，使妈祖成为国际性的航海保护神。

6. "中国·宁波船史展"

"宁波是一条船，我们都是船上的桨。这条船已经航行了七千年。"这个展览从7000年前河姆渡先民制作使用的舟楫始，展示了100多艘中国古代木制帆船的模型，都是按照中国古代曾在海上真实航行过的帆船按比例缩小制作的，该展览还展示了宁波与东南亚、西亚诸国与地区的通商贸易和文化交流情况。

第四章
宁波天妃文化活动印记

　　与天妃文化活动场所宁波商务会馆相呼应的就是宁波地方天妃文化习俗。宁波人相信东海龙王的大女儿天妃就是福建传说的妈祖，福建传说的妈祖就是东海龙王大女儿天妃下凡，因此宁波天妃文化活动和福建传入的妈祖信俗活动在宁波与当地习俗深度融合，产生了多彩多姿的地方天妃（妈祖）信俗活动。这里重点谈谈竹枝词描绘的信俗活动、庙会与朝拜、祈雨、祈福等活动。

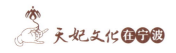

第一节　竹枝词：天妃文化盛况记录

"竹枝"系词牌名，内容多为吟咏风土人情、风俗习尚。有的诗人所作虽以棹歌、渔唱、杂咏等为题，其实仍为竹枝词。本章以福建莆田学院的刘福铸教授整理的浙江（含外地来浙）文人有关竹枝词创作为蓝本，说明宁波及周边天妃文化传播的情况。❶

一、反映民间天妃庙会或庆典的盛况

清代宁波作家包燮的《江干竹枝词》写道：

天妃宫里鼓声多，时见游人逐队过。
试问黄姑和谢女，春风秋月恨如何？

"江干"为江边的意思。"黄姑"指对汉代黄公林的黄姑讹称，谢女庙是大禹庙的讹称。古人大多数以"谢女"一词作为大家闺秀的代称。其起因是东晋政治家谢安的侄女谢道韫是才华出众的词人，该词从侧面展现描写了宁波天妃宫庙会的盛况。

---

❶　刘福铸. 论浙江竹枝词中的妈祖文化［G］//海峡两岸妈祖文化学术研讨会论文集. 北京：中国文史出版社，2010.

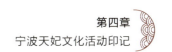

李邺嗣（1622—1680），鄞县（今浙江省宁波鄞州区）人。在《鄮东竹枝词》中有一首描写的是关于天妃宫的祭春活动：

江城幡鼓出迎春，太守簪花宫帽新。
记得少年曾趁队，天妃宫外看芒神。

"鄮东"指今宁波鄞县东。全诗描写了清代天妃宫迎接春季的仪式盛况和当时的精神面貌，从诗中可以看出，当时百姓在天妃宫外举行迎春的欢乐活动，祈求风调雨顺、五谷丰登、岁岁平安。由此可见，天妃文化全面影响了浙东人民的生产与生活。

二、反映船家和商贾敬奉天妃及潮神的习俗

天妃存在的重要意义就是救难护航，竹枝词中出现了较多反映船户、商贾敬奉天妃的习俗的活动。

清代姚燮（1805—1864），祖籍诸暨，后迁宁波。在其竹枝词《西沪棹歌》中描写了西沪港渔家风情，提到"天妃暴"：

百舠渔帆出内洋，上婆兀作海罾当。
占风若遇天妃暴，子细沈猫碇破塘。

西沪港位于象山港内，口小腹大，是理想的避风良港。"天妃暴"是渔民对三月廿三日前后风暴的称呼。

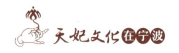

三、反映民间与天妃相关的信俗及典故

清代象山知县华瑞潢，字泾阳，江苏金匮（今无锡）人，在其《石浦竹枝词》二首中所咏就是象山县天后宫。

铜瓦南来接下湾，岧峣双岭似弓弯。
盈盈玉女溪头月，照澈青黄两部山。
天后宫前看晚鱼，从来海物不胜书。
山坡晒遍郎君鲞，春涨还生土地鱼。

词句描绘了渔民们丰收后的喜悦。因渔民以海为土地，以鱼为庄稼，故称"土地鱼"。"郎君鲞"即黄鱼鲞，即加工晒干的黄鱼，为石浦港特色海产之一。

余燮宜（字少庐），清道光间象山石浦人，在《石浦竹枝词和潘爱亭夫子天后宫》中云：

大德沾恩颂再苏，为人父母岂虚诬。
先生妙手依然在，大笔淋漓永不糊。

诗中的"大德沾恩"说的就是沾濡天后的恩泽。

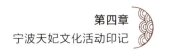

第二节　庙会与祭拜：天妃文化在民间

　　长期与海相伴、靠海为生的劳作方式，影响和决定了宁波人民的一些生活观念和行为方式，形成了自身的海洋文化习俗，也逐渐发展了独具宁波特色的天妃文化及风俗习惯。

一、三月廿三妈祖生日庙会

　　相传，夏历三月廿三为妈祖诞辰日，也是渔民出海捕黄鱼的启程日，为一年中渔村最为重要的节日。通常的妈祖庙会有三个内容：

　　一是祭拜天后妈祖上供。一般在这个月的十五便开始准备，需选涨潮时分，备三牲福礼，荐享天后，虔诚祈祷出海平安和广纳钱财（多捕鱼）。传统的做法供品陈列有序。在殿前天井里置八仙桌两张，分供猪、羊各一。大殿中堂又放八仙桌两张，陈列鸡、肉、鱼、蛋、豆腐和面食等5—8大盘上供，盘头供品放在红漆桶盘中，五果、点心不用大盘。❶

　　二是吉时一到，红烛高悬，由主祭长元（船主）上香献爵，行跪拜礼，虔诚祝祷。礼毕，退立。众船上伙计跟随跪拜如仪。礼成，在妈祖神灵前求得三角小旗（俗称令箭）一支后，请"妈祖菩萨"上船。由长元手捧红漆大桶盘，置神

---

❶　据浙江省非物质文化遗产调查表整理。

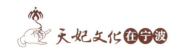

像（有木雕或泥塑神像，也有以"令箭"插以四角香袋代菩
萨的）。两旁列侍千里眼、顺风耳神。香烛悉备，出殿时，
代舵（俗称二肩）撑黑布护顶，三肩提灯笼前导；恭恭敬敬
地把"菩萨"请上渔船，放在船圣堂神龛内，顶礼膜拜后而
退。把红灯笼置船上，以驱邪保护众人平安。

三是午后（也有提前）开始在天后宫内演戏娱神。日夜
连台，连演5—10日方罢。戏团一般外请，远从浙江嵊县、
天台临海诸地请来。戏文曲目一般为《桃园三结义》《薛仁贵
征东》《赵子龙长坂坡救主》《宝莲灯》《辕门斩女》等传统戏。
每晚开演前，均派一小乐队，到城隍庙、土地庙、关公庙诸
庙宇"请神看戏"，把代表各菩萨的三角小旗"令箭"，"请"
至天后宫。四庙宇菩萨都请全，有时还会加戏。加戏长元得
另付戏班红包。

如此"热闹"过后，渔船择良辰下海起航，岸上亲
人送行。

二、六月廿三谢洋妈祖赛会

东海洋山黄鱼汛，一般至夏历六月二十左右结束。船队
返航归里，渔村有举行"谢洋妈祖赛会"的习俗，演戏庆祝
捕鱼丰收和亲人平安归来。一般由此渔汛中的"高产船"出
资包演"酬神"，俗称"谢洋戏"或"还愿戏"。

"谢洋妈祖赛会"程序与三月廿三"妈祖庙会"相
同，只是多了一个"抢戏班子"的内容。各渔船主会大把
地花钱，选择聘请优秀戏班为自己的村坊"长脸面"，还举
行"妈祖出巡"的礼仪活动：选壮汉一名，手执大旗为前

导，双面号锣，随后是制作精良的牌灯两对，后由人扮"千里眼""顺风耳"和一大群宫女跟随。一顶大轿由八名壮汉抬行（系选择父母双全的青年）。"圣驾"过后，又有小轿一乘，上置炉香，谓之"香亭"。后随善男信女、护驾仪仗多人。手持各式武器，俗称"护驾百将"。

"谢洋戏"与出海庙会一样，要演 5—10 日，中午 12 时举行素餐庙宴。有的地方开展得比"庙会"还隆重热闹。

三、渔民与天妃文化相关民俗

天妃（妈祖）信俗中，除了"元宵、诞辰、升天"三大节庆别具特色外，其他贯穿在生活、生产中的习俗更为奇特，为其他海神信俗所未见，如"诞辰禁捕""泛槎挂席""九重米粿"等民俗，充满一种野性和海洋特色的原始宗教色彩。

1. 诞辰禁捕

旧时，每逢三月廿三妈祖诞辰前后数日，江浙渔民均不准出海捕鱼。传说是龙王和水族这几天都要来朝拜妈祖，故而禁捕（是为古代的禁渔期）。

2. 送船还愿

此俗至晚始于元代。传说，妈祖在风浪中救人都是驾船前来。对妈祖来说，这样的神船越多越好。渔民许愿脱险后，就制作各种小船送到天后宫，供天后使用，俗称"还愿船"。如舟山的天后宫，都有神船悬挂在廊下。据说，山东长岛县有个天后宫，有"还愿船"300 余艘，近似一个海船博物馆。

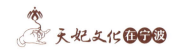

中国起源地文化志系列丛书

3. 泛槎挂席

旧时，江浙渔船出海，桅杆上常挂一帆式草席，以利顺风送船，加速行驶。后由草席改为小布帆，俗呼"镶边"。原因是传说中的妈祖神船，常用草席代帆，故而仿之。

4. "祭海"亮旗

"祭海"是东海渔民的重大庆典。"祭海"时渔船都要亮出自己的旗帜，其中有一面很大的蜈蚣旗，上书"天上圣母"四个大字的，即为妈祖"圣母"旗。

5. 装点烛山

妈祖元宵之夜，天后宫的广场上，有一个用铁杆或木杆做成的大烛架。待夜幕降临时，大烛架上千烛共烧，火光冲天，形同烛山。人们说，烛光象征妈祖的神光，经神光照耀，海岛人日后出海即使遇上弥天大雾，也不会迷航。

6. 船型发髻

此俗主要流传于东海诸岛的中、老年妇女中。她们的发型是船帆型的，即在头中后部，梳成一个高约10厘米、半弧形竖起的类似古帆船的发髻。这个特别的发式形制，传说是对妈祖生前发式的仿效。

7. 红色婚妆

在江浙海岛，旧时年轻女子结婚时，要穿戴红衣红裤，红盖巾、红绣鞋，里里外外一身红。此民俗传说也与妈祖有关。因妈祖一生酷爱红色，故而仿效之。在舟山某小岛还有穿半截红裤的，即上红下黑。理由是妈祖是圣母，凡人是俗人，能够仿效其一半，已足够享用了。此外，在服饰习俗中除仿效妈祖喜爱的色彩、样式外，还有向妈祖寝宫敬赠被褥、幔帐、绣旗等习俗。

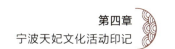

8. 九重米稞

农历九月初九是妈祖升天之日。这一天东海诸岛有蒸制九重米稞祭妈祖的习俗。所谓"九重米稞"是用米浆和配料蒸制，连蒸九次。此俗的含义是妈祖食了此稞能直上九重天。这一天，在浙南海岛还有食炒面和食卤鹅肉的习俗。

9. 杀财猪

所谓"杀财猪"，即渔业丰收或商船生意兴隆时，都要在天后宫"杀猪台"上杀猪敬神。待"财猪"屠宰洗净后，先供祭在天后神龛前，并配祭若干其他供品，焚香燃烛，举行祀典。祀神毕，由船主用黄裱纸蘸猪血焚烧，意为"财猪"已被天后享用。尔后，将"财猪"进行分割，猪头归船老大，猪蹄归二老大，猪尾巴及猪腔归伙夫，内脏作结账后"聚餐"时的下酒菜。剩下的猪肉供全体船员和家属食用，并欢迎村人和路人入席。

10. 水族朝圣

这是妈祖诞辰日的一道特殊祭品。东海渔民用面粉彩塑成36种鱼、虾、蟹、蚌，放在特制的36个红漆木盆上，供祭在妈祖神像前。这36种海洋水族，头部都要朝着妈祖神像，并略往上翘，呈现叩拜姿势，名曰"水族朝圣"。有的还在祭品旁放航海图、海螺壳、小木船等物，供妈祖巡海之用。

除上述习俗外，妈祖习俗中还有九节菖蒲、妈祖香袋等俗，这些均属渔民巫术范畴。传说妈祖生前曾用九节菖蒲为剑，驱逐瘟神，并用香袋镇邪，使鬼怪不能近身。再如"诞辰禁捕"，为航海和捕捞型的妈祖信仰，而"船型发髻"和"水族朝圣"等，则是人们在发型、服饰、饮食方面的习俗行为。妈祖信仰，就是通过隆重的三大节庆和大量的日常性的信仰习俗活动，潜移默化地渗透到海岛人生产、生活的方方面面，从而成为一种强大的信仰力量，给海岛人们以精神寄托和心灵的抚慰。现在东海海岛与沿海渔村中，还流传着不少妈祖信俗习俗，这些习俗具有三个鲜明的特色：一与原始妈祖信俗相关；二与渔村地域文化相关；三与渔业生产是否顺利相关。如果海上作业不顺利，活动就会显得逊色一些。如此几百年甚至上千年地传承下来，使妈祖文化成为沿海渔村中的民俗现象世代流传下去。

第三节　迎妈祖与祈雨：天妃文化地方化

一、宁波的船鼓与天妃文化

船鼓是我国的民间大型工艺品，也是一种乐器，外形似船，鼓手在中间边走边敲打。宁波的石柱下船鼓与天妃文化紧密结合，形成了独具特色的宁波船鼓文化，并与天妃文化相互促进，共同发展。

宁波船鼓

船体上部有 10 层，每层栏杆嵌镶花草纹，挂面用漂白的朱骨片锯雕出雷云纹、回纹、菱形等多种纹饰，环绕整座船身，像一条条绚丽逶迤的"长廊"，黑白相间，高

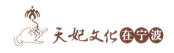
中国起源地文化志系列丛书

宁波船鼓局部之一

低起伏，煞是好看。更为精彩的是自下而上每层均有精雕细刻。一至三层，每层有大小不等的40块黄杨木雕花板组成的画面。第一层是当地民众的生活场景，如春耕、雨归、锄禾、闹龙舟等。第二层是官场生活图，有官员出巡、衣锦还乡、官府审案等。第三层是以《三国演义》为主的戏曲人物，如"孔明六出祁山""三气周瑜芦花荡"等。四至八层除雕刻一些花鸟虫草、飞禽走兽以外，主要是彩绘玻璃，色彩斑斓，光可照人。第九层是"十殿阎王"，原意是宣扬规矩做人，勿干坏事，其中当然也充满着因果报应、宿命论等迷信色彩。顶部是30—60厘米高度不等的亭台楼阁，巧妙地组成层次分明、结构严谨的古建筑群，华贵多姿，令人叫绝。

宁波船鼓局部之二

从古代到民国时期，奉化农村常举行各种民间行会，如菩萨生日、重大节日、祈求丰收、请龙降雨、祭祀天妃等都要行会。行会的队伍很长，隆重而又多彩。一般前面是"大头和尚"开路，演员头上套有纸糊的圆胖假面具，手执大蒲扇，驱赶挡道者；接着是化妆成皂隶模样、肩背神庙里取出来的"肃静""回避"牌的仪仗队，以示庄重；后面是各种文艺表演，如高跷队、马灯队、抬阁（四人抬行，上面或站或坐几个童子，扮演《三国演义》等戏剧场面，有 3 人、5 人，甚至更多）、连灯（一般为 9 节，每节挂灯，多的达 13 节、24 节）。夹在文艺表演队伍中间，最引人注目的是船鼓，它以精致美丽的外形和悠扬动听的乐声吸引着观众。一场行会的档次，也往往以船鼓的水平高低作为衡量的标尺。

二、奉化布龙与天妃文化

（一）奉化布龙起源

奉化布龙是浙江奉化传统的民俗舞蹈，是我国传统舞蹈之一。起源于民间干旱时祈求龙王降雨的习俗，现如今，逐渐发展成春节等节庆也要进行舞龙的传统习俗。

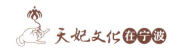

奉化布龙之一

奉化布龙的起源至少可追溯至我国南宋时期，已经有800多年的历史。《奉化市志》记载："南宋时期奉化境内已有舞龙，俗称滚龙灯、盘龙灯，初为谷龙、稻草龙，后在草龙上盖上青色或黄色龙衣布，逐渐演变为竹篾扎龙头、龙脚、龙尾，裹以色布的布龙。"由此可见，奉化布龙经历了漫长的历史发展过程。

如今，奉化布龙已经与天妃文化、龙文化、妈祖文化、观世音菩萨文化等紧密相连，成为上述海神文化的重要载体。

（二）奉化布龙的形式

在形式上，奉化布龙分有九节、十二节、十八节、二十四节等多种，每人持有一节，表演人数随着节数的多少来定。

九节的奉化布龙与十二节、十八节、二十四节的奉化布龙大不相同。九节的布龙只有龙面布没有龙肚布，十二节的

奉化布龙之二

中国起源地文化志系列丛书

布龙比较粗大结实，在布龙内可以点燃蜡烛，在夜间起舞时显得活灵活现。十八节、二十四节的奉化布龙并没有十二节的那么粗大，因为没有龙肚布，所以显得干瘪。只有九节龙由于节数适中，形象矫美，舞动起来，显得灵活矫健。在院子、厅堂随处可舞，最受群众欢迎。

尚田镇条宅村被誉为"龙舞之乡"，这里的布龙是奉化布龙九节龙中的佼佼者。此外，萧王庙街道何家村的二十四节布龙和溪口镇的大张、公棠以及萧王庙街道前葛村的十八节布龙最具有代表性。

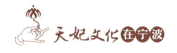

奉化布龙之三

（三）奉化布龙的特色

奉化布龙舞蹈动作有盘、滚、翻、跳、戏等二十余个套路。特点之一是没有"龙珠"，而以龙头手为指挥，动作随着龙头的变化而变化。十二节以上的布龙，由于大而笨重，只能表演一些简单的动作，而九节龙则动作多且能较活泼地表现出龙的各种活动姿态。经过条宅村的陈世雄、陈宁康、范成茂等老艺人的不断创作，奉化九节龙的表演动作逐步增多和丰富，发展为较高的龙舞表演技巧。至今，九节龙已有24个舞蹈动作套路和3个过渡动作："盘龙""龙抓身""挨背龙""搁脚龙""左右跳""套头龙""游龙抱身""龙脱壳""双节龙""背摇船""圆跳龙""一蹲一""满天龙""摇船龙""游龙跳""靠足快龙""龙滚沙""龙戏尾""弓背龙""龙出首""快游龙""直龙""快跳龙"，以及"小游龙""龙钻尾""大游龙"等。其中许多不同的跳跃动作和躺在地上滚舞

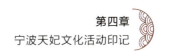

的技巧，都是民间艺人根据自己丰富的想象力，在舞蹈实践中不断创作出来的。

奉化布龙表演有其独特的风格。龙舞的老艺人常说，"龙身一节节，人心要齐"，就是说要高度的协调和统一，才能做到上下连贯，一气呵成。九节龙的速度快，调动的幅度也相当大，在整个表演区迅速飞舞，加上舞者的情绪热烈奔放，技艺纯熟，动作干净、利落、敏捷而又激烈，令人目不暇接，确有一种翻江倒海的磅礴气势。

奉化布龙舞蹈的特点可归纳为两句话，即"人紧龙也圆""龙飞人亦舞"。

所谓"人紧龙也圆"，指的是龙的形象。布龙舞得圆不圆，是衡量布龙特别是九节龙舞蹈技巧水平的主要标准。龙舞得越圆，说明技巧越高。如果舞得不圆，就会成为一条"瘪龙"。如"快跳龙"，每跳一次，整条龙在演员脚下依次越过一次，龙犹如成了一个"活的圆圈"，不断地翻滚着，越快越圆越美。在舞动时，除了三个过渡动作外，龙头手都要转身与后面舞龙身者对面而舞，这是奉化布龙区别于其他布龙的主要特征，也是奉化布龙舞得"圆"、舞得"紧"的主要技巧所在。舞动时，龙头手若跑到第三节身后抠绕出来，舞第二节的人则要紧跟舞龙头的路线，紧追不舍，后六节舞龙身的也必须左、右小跑，舞龙尾者就要连跑带跳，按龙头舞动的幅度个个"到位"，人才能跟得"紧"，龙才能舞得"圆"。使人看了有"龙圈环环扣住，龙身紧紧缠绕"之感，这就是"人紧龙也圆"的奥妙所在。

"龙飞人亦舞"指的是九节龙的24个动作套路中有15个是舞龙者舞蹈的。如"搁脚龙"。双数舞龙者单腿跪地，

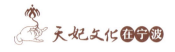
单数舞龙者一脚搁在双数膝盖上而舞龙。"背摇船",除龙头手外,全体横躺地上,用弓背摇动的力量舞动龙身。"快跳龙"和"游龙跳"是龙在舞动时,人依次在龙身上跳跃而过。这些人的舞蹈动作都在龙的流动中进行,加上舞动时速度快,动作间的衔接和递进也十分紧凑,舞动时龙身迎见,"呼呼"有声。整个龙舞动作变得"猛",舞得"活",龙身"圆",形成"神",只见龙在飞腾,人也在翻舞,令人目不暇接,惊叹不已。

奉化布龙之四

(四)奉化布龙的音乐

奉化布龙的音乐伴奏过去以"奉化锣鼓"为主,其节奏形式是"三五七"。所有乐器不管两面锣或六面锣,全都固定于一个锣架上,把锣架扎牢在一个人的肩背上进行敲打。为增加舞蹈声势,有的还加上一只小鼓和一副铙钹,由三人演奏;

有的用上"龙头号子"。沿海的龙舞队也有用海螺吹号的。新中国成立后，在伴奏方面也有发展，出现了多种不同的伴奏形式。1955年赴北京参加第一届全国农民业余音乐舞蹈会演时，由奉化"九韶堂"民间吹打乐队伴奏。当"盘龙"时加上唢呐吹奏《柳青娘》等曲牌来衬托欢乐的气氛，获得了较好的效果。

奉化布龙之五

（五）奉化布龙舞龙者的服饰

奉化布龙舞龙者的服饰，上身穿的是对襟上衣，下身穿淡绿色"灯笼裤"，用普通的淡绿色的布料缝制。腰上围绣花腰带，小腿扎白色的"裹腿"，脚穿草鞋。

中国起源地文化志系列丛书

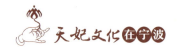

（六）奉化布龙的制作

奉化布龙的制作和组装：龙头，用竹篾制成骨架，长为 60 厘米，高为 100 厘米（眼睛到龙角顶为 60 厘米，眼睛至下嘴唇为 40 厘米）。龙头的头颈与下面接牢的龙节口径一样大。龙头的脸部凹进，鼻子耸起。两只角似鹿角。龙嘴张开，两片嘴唇张开的口高 30 厘米。龙头的骨架用白布包扎，用广告颜料画龙头，然后用清漆覆盖颜色。龙的眼睛用有机玻璃制成，可以装灯放光。脸部两侧可以装上数量不等的竹箭片，以示威武。眼睛边装上用硬纸板剪成的睫毛。嘴唇里面装上两排铮亮的铅皮或硬材料薄片剪成的牙齿。龙嘴下的胡须用麻线或绵纶线做成。龙节，呈圆筒形，用竹篾编制。龙节的直径为 20 厘米或 25 厘米，长为 25 厘米或 30 厘米。龙面布，底色为黄色或青色，上面印上一片片的龙鳞。龙面布宽 33 厘米，加上两边各为 18 厘米的"龙百脚"（色彩也可选择黄色、绿色或白色），共宽 69 厘米。九节龙身分为 8 段，两段之间 240 厘米，加上龙头和龙尾共长 18 厘米。各段间距均等。龙肚布，宽为 36 厘米，长与龙面布一样，色彩可选择白色或黄色。龙尾，用竹篾编成，长 60 厘米，与第 8 节龙节相接处的圆直径为 25 厘米或 20 厘米，往后圆径逐渐缩小，成蛇尾样。龙尾巴最后部分装上竹箭片，呈现鱼尾状。竹箭片长度可自定。龙棒，9 根，用杉木制成，每根长 128 厘米。龙筋，由麻绳或塑料绳制成，装在龙面布与龙节之间，与龙面布长度一样。❶

---

❶ 据宁波市奉化区人民政府门户网站。

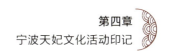

（七）奉化布龙的功能

一是保佑子女。从古至今"望子成龙"一直是每位中国父母都存在的心理。浙江地区也不例外，每逢节庆，钻龙肚、摸龙角是孩子们首先要做的事情。钻龙肚、摸龙角可以添加福禄，像龙一样飞黄腾达、长命百岁。

二是安宅、驱邪、避凶。在浙东地区，人们在新房建好之后一定要舞龙，还要将布龙请进屋子。进屋后，先盘房屋的柱子，表示神龙已经入住此地，祈求龙神保佑。然后再去院子中进行舞龙全套动作，表示这个房屋已受龙神保佑。全套动作进行下来后，这座房子就万事大吉、平安无事。由此可见，舞奉化布龙是浙东地区乔迁新居的重要习俗。❶

三是保家、护航。宁波奉化为沿海地带，沿海渔民靠海来维持生计。海上风雨莫测成为渔民的主要障碍。对于渔民来说，奉化布龙显得尤为重要。新船建好后必须请布龙到船上舞动。舞动只是象征性的盘旋，盘成塔形，然后船的主人抱着龙头许下心愿。请求龙王保佑一帆风顺、风平浪静、年年丰收。在船上舞动完毕后，到岸上舞动全套动作，目的就是向神明献礼，祈祷平安。

❶　王月曦.奉化布龙的价值与影响［EB/OL］.［2009-6-10］. http: //www.loongfeng.
org/feng-hua-bu-long-de-jia-zhi-yu-ying-xiang/.

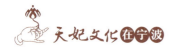

奉化布龙之六

中国起源地文化志系列丛书

　　结合上述，充分表明奉化布龙在当地有突出地位，同时也代表了浙东渔民对美好生活、风调雨顺、岁岁平安的向往。值得注意的是，奉化布龙文化与天妃文化的内涵和功能已经深深融合，并成为当地人们共同的文化习俗。

第五章
宁波天妃文化遗产保护建议

中国起源地文化志系列丛书

第一节　正视天妃文化的多重意义

　　护航、佑民、卫国是天妃文化的核心价值所在。当今，天妃文化有着深刻的内涵和独特的社会作用。在政治上，天妃文化已成为海内外华人文化认同的纽带，对于促进中华民族团结和祖国和平统一意义重大。在经济上，促进了海内外的贸易往来和妈祖文化产业特别是妈祖文化旅游产业的发展。在文化上，妈祖文化丰富和发展了中华民族文化，促进了民族精神的弘扬。在社会上，有约束信众行为的功能和社

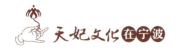

会整合功能，有利于维护社会稳定。❶

　　天妃文化是由人创造的，同时天妃文化也创造着人和社会。天妃信俗最早满足民众心理需要，是一种生存意识、生存需要，现已延伸和发展为历史认同的需要、文化认同的需要、社会认同的需要。传承天妃文化，弘扬天妃精神，有益于社会和谐和国民道德文化素质的提升。目前，维护天妃信俗的人力普遍老化与不足，许多民族民间艺术往往因人而存，随着传承人的相继离世而人绝艺亡。一些天妃传说、文献资料、摩崖石刻、影像资料、声音记录、历史档案、壁画、楹联、器皿等也因得不到有效保护而大量消失。更兼之有些人认识不到位，常常将非物质文化遗产与封建糟粕混为一谈，认识不到非物质文化遗产对于传承中华文脉、弘扬民族精神和促进社会和谐稳定所起到的重要作用，致使一些资源的普查、抢救、保护工作迟迟不能开展。❷

　　❶ 王丽梅.妈祖文化的核心价值及其现代社会功用［J］.重庆文理学院学报，2010（1）.
　　❷ 胡巧维.浅谈非物质文化遗产保护与传承工作若干问题与建议［J］.科学与财富，2012（4）.

第二节　建立宁波天妃文化生态保护实验区

　　宁波湾地处浙江省宁波市的象山港中部，属于奉化段，海域面积为 96 平方公里，海岸线长 61 公里。其得天独厚的狭长形半封闭的海湾特点，形成了避风性能良好的天然海港。常年风平浪静，水清面蓝，青山抱海，岸线向阳，犹如"海上西湖""浙江三亚"，被称为"宁波湾"。港湾一般水深 10—20 米，最深处达 60 米，这里是东海近岸海域唯一的常年清水区。

　　宁波湾属亚热带季风性气候，四季分明，温和湿润。沿湾陆域隶属宁波市奉化区滨海莼湖、裘村、松岙三镇，总面积为 287 平方公里。区域生态环境独特，资源丰富，文化缤纷。海域内水产资源丰富，海产品种类达 320 余种。东海中的三大著名渔港之一、被农业部命名为"中国第一渔村"、也被称为"宁波百年渔港"的"桐照渔港"就在宁波湾，"宁波湾小海鲜"以其味道鲜美成为饕客的最爱。

　　当前，我国已经实行建立文化生态保护实验区制度，截至 2010 年底，文化部已批准设立了 11 个文化生态保护实验区。这种文化生态保护实验区，是以保护非物质文化遗产为核心，对历史积淀丰厚、存续状态良好，具有特殊价值和鲜明特色的特定文化形态进行整体性的保护。让"宁波湾天妃文化"进入国家级文化生态保护实验区，很有必要。对"天妃信俗"实行系统性、整体性的保护，将有利于和谐社会的

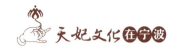
构建，有利于开展国内外天妃文化的广泛交流，对于丰富并完善中华民族的精神家园，对于在世界范围内大力弘扬天妃文化的精神，都具有不可取代的历史文化价值和全人类意义。

第一，重视天妃物质文化遗产的保护。例如，对天妃文化古建筑群进行修复和重建，保护和建立相对完整的"天妃文化空间"，树立天妃文化朝圣、交流中心的威仪。第二，重视民间信俗活动。支持各种天妃信俗活动，以"同谒天妃，共享平安"为主题精心举办节庆活动。如举办宁波湾天妃文化旅游节等活动，创建"天妃文化论坛"等，建立天妃文化传承的有效载体。第三，设立天妃友好城市活动组委会，推动国际合作交流。加强与美国、新西兰、日本、新加坡、马来西亚、印度尼西亚、菲律宾、泰国、南非等国家和地区间天妃文化机构、信众之间的交流。第四，加强媒体传播。创新宣传形式，着力发展影视、动漫、图书、演艺、工艺品等天妃文化相关产业，充分利用互联网新媒体不断推动天妃文化内容形式、传播手段、发展载体的创新，拓宽天妃文化传播渠道。

宁波湾之三

第三节　重视保护天妃文化孕育的自然生态环境

　　非物质文化遗产尽管具有非物质形态，但其生存与发展离不开特定的文化土壤，没有生态环境就会失去非物质文化产生的源头活水。生态环境包括自然生态环境和文化生态环境，两者相辅相成、相得益彰。天妃文化广泛地存在于崇奉天妃的人们的生产、生活当中，渗透在社会的方方面面，以鲜活的生产方式和流动的传承方式为基本特征，与城乡居民的生产、生活、文化交流活动相融合，为群众所适应，成为人们生活的重要组成部分。天妃文化与地理、环境、生态密切关联，与周围的生态环境互相阐释、互为依存，完全依赖生态环境作为文化背景才能显现其文化特色。所以，保护天妃文化，要高度关注和细心呵护天妃文化赖以生存、赖以依托的自然生态环境与文化生态环境。❶ 不但要保护天妃文化自身及其有形外观，更要注意它们所依赖、所因应的生存空间，不仅要重视遗产静态的成就，更要关注各种事象的存在方式、存在过程及其创造活力。要特别注重天妃文化内部的关联性，坚持族群整体保护与杰出传承人保护相结合，生态保护与人文保护相结合，让天妃文化成为当代人文化生活的一个有机组成部分，在当代自然和文化环境中继续存活、传

---

　　❶ 周素霞，徐业龙.后申遗时代淮安运河非物质遗产保护与利用［J］.淮阴工学院学报，2015（2）.

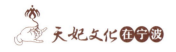

承和发展。

2016 年底，宁波湾区域被联合国开发计划署授予"绿色发展中国试点"，成为联合国确立的全球唯一落实 2016—2030 年后千年计划"可持续发展"的主题实践样板区。

未来，宁波湾沿湾将重点布局"二区二城二港"六大特色功能板块，海陆空联动，文商旅互动，健康、美丽、绿色交融，全面打造"宁波滨海旅游休闲区"，建设"长三角滨海旅游目的地"。

宁波湾生态

第一节　系统整合天妃文化旅游资源

　　作为一种文化现象，天妃信俗也形成了独立的"天妃文化"体系，吸引着海内外各界人士的广泛关注并对其进行全方位、多角度的研究。天妃文化旅游资源的开发，不仅是一种考古的"旅游文物"，更是一种"活态旅游"的文化，旅游文化资源带来的经济效益、文化效益和社会效益将跨越海峡，超越国界，走向世界。❶

---

❶　浅谈妈祖文化旅游开发研究［EB/OL］.东南新闻网，2013-08-23.

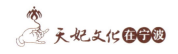

宁波外滩

天妃文化旅游资源可以分为七大主类，分别是地文景观、水域风光、生物景观、遗址遗迹、建筑与设施、旅游商品与人文活动。

一、地文景观

地文景观主要有五大亚类，分别为综合自然旅游地、沉积与构造、地质地貌过程形迹、自然变动遗迹、岛礁五类。天妃文化旅游资源有三类：

一是综合自然旅游地。亚类有山丘型旅游地、谷地型旅游地、沙砾石地型旅游地、滩地型旅游地、奇异自然现象、自然标志地、垂直自然地带七种。天妃文化旅游资源有一种，即山丘型旅游地，如天妃山。

二是地质地貌过程形迹。亚类有凸峰、独峰、峰丛、石（土）林、奇特与象形山石、岩壁与岩缝、峡谷段落、沟壑地、丹霞、雅丹、堆石洞、岩石洞与岩穴、沙丘地、岸滩14种。天妃文化旅游资源有三种，即送子像、飞席滩、天妃峰。

三是岛礁。亚类有岛区、岩礁两种。天妃文化旅游资源有一种，即岛区，如凤凰岛、鸟岛、鱼岛。

二、水域风光

水域风光主要有六大亚类，分别是河段、天然湖泊与池沼、瀑布、泉、河口与海面、冰雪地。天妃文化旅游资源有两类：

一是天然湖泊与池沼。亚类有观光游憩湖区、沼泽与湿地、潭池三种。天妃文化旅游资源有两种：观光游憩湖区，如天妃湖；沼泽与湿地，如松岙滩涂。

二是河口与海面。亚类有观光游憩海域、涌潮现象、击浪现象三种。天妃文化旅游资源有一种，即观光游憩海域，如阳关海湾黄金沙滩。

三、生物景观

生物景观主要有四大亚类，分别是树木、草原与草地、花卉地、野生动物栖息地。天妃文化旅游资源有其中的一种，即树木。树木亚类可分为林地、丛树、独树三种，天妃文化旅游资源有一种，即林地，如奉化水蜜桃林。

四、遗址遗迹

遗址遗迹主要有两大亚类，分别是史前人类活动场所和

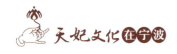

社会经济文化活动遗址遗迹。天妃文化旅游资源有一类，即社会经济文化活动遗址遗迹。

社会经济文化活动遗址遗迹，亚类有历史事件发生地、军事遗迹与古战场、废弃寺庙、废弃生产地、交通遗迹、废城与聚落遗迹、长城遗迹、烽燧八种。天妃文化旅游资源有一种，即历史事件发生地，如皇帝敕封登岸石。

五、建筑与设施

建筑与设施主要有七大亚类，分别是综合人文旅游地、单体活动场馆、景观建筑与附属型建筑、居住地与社区、归葬地、交通建筑、水工建筑。天妃文化旅游资源有六大类：

第一，综合人文旅游地。亚类有教学科研实验场所、康体游乐休闲度假场所、宗教与祭祀活动场所、园林游憩区域、文化活动场所、建设工程与生产地、社会与商贸活动场所、动物与植物展示地、军事观光地、边境口岸和景物观赏点 11 种。天妃文化旅游资源有七种，即教学科研实验场所，如可建立中华天妃文化交流协会、中华天妃文化研究院、天妃文化研究中心、宁波学院天妃文化研究所；康体游乐休闲度假场所，如妈祖公园；宗教与祭祀活动场所，如宁波天妃宫、天后宫等；园林游憩区域，如天妃文化公园；文化活动场所，如天妃宫前广场；建设工程与生产地，如跨海隧道；景物观赏点，如在天妃宫附近，有"升天古迹""观澜石""赏月台"等景观。

第二，单体活动场馆。亚类有聚会接待厅堂、祭拜场馆、展示演示场馆、体育健身场馆、歌舞游乐场馆五种。天

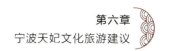

妃文化旅游资源有三种，即祭拜场馆，如阳关海湾天妃宫；展示演示场馆，如文艺表演广场；歌舞游乐场馆，如宁波天妃宫戏台。

第三，景观建筑与附属型建筑。亚类有佛塔、塔形建筑物、楼阁、石窟、长城、城（堡）、摩崖字画、碑碣（林）、广场、人工洞穴、建筑小品11种。天妃文化旅游资源有六种，即塔形建筑物，如塔楼；楼阁，如妈祖阁、钟鼓楼、观音楼、神像楼等；摩崖字画，如"敕封古迹""天妃故里"摩崖石刻；碑碣（林），如《天妃灵应之记》碑；广场，如天妃平安广场；建筑小品，如天妃石雕、天下第一妃塑像等。

第四，居住地与社区。亚类有传统与乡土建筑、特色街巷、特色社区、名人故居与历史纪念建筑、书院、会馆、特色店铺、特色市场八种。天妃文化旅游资源有五种，即特色街巷，如步行街中的天后宫；特色社区，如天妃城、天妃村；名人故居与历史纪念建筑，如天妃宫；书院，如天妃书院；特色店铺，如天妃文化风情街。

第五，交通建筑。亚类有桥、车站、港口渡口与码头、航空港、栈道五种。天妃文化旅游资源有两种，即港口渡口与码头，如漕运沿线码头；栈道，如明州古出海栈道。

第六，水工建筑。亚类有水库观光游憩区段、水井、运河与渠道段落、堤坝段落、灌区、提水设施六种。天妃文化旅游资源有水井，如天妃"显灵"井。

六、旅游商品

旅游商品主要有一大亚类，就是地方旅游商品。天妃

139
中国起源地文化志系列丛书

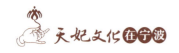

文化旅游资源也有这一类，如天妃宴、九重米粿；传统手工艺品，如石雕、砖雕、木雕及各类金银首饰加工艺术品；水产品与制品，如对虾、紫菜等；其他物品，如天妃宫风景邮戳、天妃文化园、天妃碑林、天妃 VR 幻境等。

七、人文活动

人文活动主要有四大亚类，分别是人事记录、艺术、民间习俗和现代节庆。天妃文化旅游资源有四类：

第一，人事记录。亚类有人物妈祖。

第二，艺术。亚类有文艺团体、文学艺术作品两种。天妃文化旅游资源也具有这两种，即文艺团体，如宁波戏剧团；文学艺术作品，如天妃诗词、戏剧、各类出版的妈祖文献等。

第三，民间习俗。亚类有地方习俗与民间礼仪、民间节庆、民间演艺、民间健身活动与赛事、宗教活动、庙会与民间聚会、饮食习俗、特色服饰八种。天妃文化旅游资源有七种，即地方习俗与民间礼仪，如诞辰禁捕、"圣杯"问卜、悬挂菖蒲、香袋辟邪、装点"烛山"、签支诗句；民间节庆，如妈祖元宵及妈祖生日纪念、出游；民间演艺，如妈祖戏、音乐舞蹈、《妈祖志》《妈祖》《观世音·妈祖拜观音》；民间健身活动与赛事，如民众游艺竞技活动、妈祖文化灯谜竞猜、端午节龙舟竞赛；宗教活动，每年妈祖诞辰的妈祖祭奠活动；庙会与民间聚会，如宁波天妃庙会；特色服饰，如妈祖头饰、妈祖服饰、半截红裤、帆船发髻。

第四，现代节庆。亚类有旅游节、文化节、商贸农事节、体育节四种。天妃文化旅游资源有三种，即旅游节，如天妃文化旅游节；文化节，如妈祖元宵、诞辰、升天等祭拜活动；体育节，如天妃文化体育节的天妃健身操、天妃舞等。

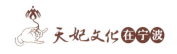

第二节　打通天妃文化与旅游连接通道

天妃文化是宝贵的民族文化遗产，对促进民族团结，连接海内外华人华侨，传播中华优秀传统文化具有重要作用。在实际开发利用中，打通天妃文化和旅游业的连接通道是关键着力点。

一、注重天妃文化资源的连接

天妃文化资源涉及面广，内容丰富，但缺乏有效的整合和连接。打造天妃文化旅游载体，需要围绕历史传说的时间轴和地缘关系进行适当连接，形成相对生动的故事和看点。如围绕服饰、美食、平安符、吉祥符等，与相关主题活动结合，打造天妃文化旅游产品链和服务链，从而形成天妃文化旅游产业链。

二、注重天妃文化资源的实体化

促进天妃文化旅游需要打造实实在在的消费空间，尤其是需要将天妃文化资源实体化。首先，是重视天妃文化相关建筑资源的修缮、复建或异地重建，这是促进天妃文化旅游的首要载体。其次，是重视天妃文化活动场所的搭建，尤其是天妃祭祀活动、祈福活动场所的搭建，这要与现代文化活

142

中国起源地文化志系列丛书

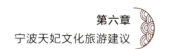

动场所进行紧密结合。最后，是重视神话传说、历史人物的实体化，即将非实体故事人物和场景实体化，这要与各种手工艺品和现代文化旅游创意产品进行深度结合。

三、注重现代声光电技术和信息手段的应用

现代文化旅游产品和服务离不开现代声光电技术和信息技术的充分利用。首先，充分利用天妃文化的现有遗迹、遗物和建筑遗迹，利用声光电技术对之进行装扮，尤其是夜景的设计和运作，重点营造神秘、祥和、平安的文化氛围。其次，设计新的灯光秀或动漫产品，通过相关活动、比赛，营造出喜庆、宏大、壮美的海洋文明气象。最后，充分利用虚拟现实技术，将天妃故事、传说进行情景模拟，并打造出能够有机互动的天妃文化体验空间。

四、注重天妃文化品牌的塑造和传播

天妃文化品牌的塑造与传播是天妃文化旅游发展的生命线。首先，要注重天妃文化旅游品牌的吸引质量和特色服务质量，使天妃文化更具活力和可持续发展力，并形成独具特色、不可复制的天妃文化品牌。其次，要把天妃文化在整个区域进行整体打造，将景点、景区、博物馆、民俗等当作一个整体来进行打造，让整个天妃文化在空间上形成有序发展、相互促进、内容丰富的有机体系。最后，塑造天妃文化旅游品牌，还需要打造独特的天妃文化节庆活动品牌，通过鲜明的主题、丰富的内涵、特色的载体、长效的发展机

制，做大做强天妃文化旅游品牌，全方位展示天妃文化的多
彩魅力。

宁波湾之四

第三节 天妃文化旅游的开发形式

一、天妃文化博物馆

天妃文化博物馆内可展示天妃文化相关的历史资料和文物，从而为研究历代经济史、海洋学、民族学、宗教学、民俗学等内容提供可靠原始资料，为科学普查、修学旅游提供良好平台。

二、天妃庙宇

天妃宫所具有的独特建筑物、雕像、壁画、楹联、碑刻、志书、祭具等，可作为丰富的非物质文化遗产，并在此基础上形成气势磅礴、宏伟辉煌的效果，成为民众前来观光瞻仰的首选。

三、天妃湖

碧蓝的天空、黄金沙滩、迎面扑来的海浪等独特的自然旅游资源使得阳光、沙滩、海浪在这里获得更大的生命力。

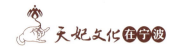

四、天妃文化风情商业街

天妃文化风情商业街，或原生自然式，或复古再现式，或集锦荟萃式，或原地浓缩式。

五、天妃主题旅游配套设施

如天妃文化餐厅、天妃温泉度假村、天妃海景酒店等。

六、天妃节庆

天妃朝拜仪式。如大型的天妃祭典，割香、分灵等也可成为天妃朝圣旅游的核心内容。

天妃文化信俗。如天妃诞辰禁捕、半截红裤、帆船发髻、悬挂菖蒲、"尾晚"元宵的棕轿舞、旱船舞、彩驾等。

第四节　天妃文化旅游打造重点

一、成立天妃文化促进会，设计天妃文化系列产品

鼓励和引导相关企业、事业单位做大做强天妃文化特色产业。由政府牵头，成立天妃文化产业促进会，设计出一些独具宁波特色和天妃文化特色的文创产品，打造天妃文化产品品牌。

二、依托天妃文化资源，打造天妃文化旅游小镇

以"天妃平安文化、船帮渔俗文化、长寿生态文化、浙东民俗文化、民国红色文化"等五大特色文化为支点，打造天妃文化特色小镇。

第一，改造村容村貌。以天妃文化为基本文化色调，对天妃湖岸边村容村貌进行复古性改造提升，表现"天妃平安文化"等五大基本文化色彩。

第二，复建天妃宫。在天妃湖心岛——凤凰岛上复建天妃宫，建设拥有山门、两层主殿、东西配殿、后殿、钟鼓楼等宗教文化设施，以满足日益增长的天妃信众及游客对天妃文化的心理需求。

第三，打造天妃文化创意街。在岸边建设天妃文化创意街，展示、销售天妃文化创意产品，兼具风情商业街功能。

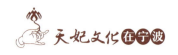

第四，举行天妃湖灯光秀。利用现代声光电技术，打造天妃湖灯光秀，再现天妃历史传说。

第五，建设天妃文化博物馆。在鱼岛（龙岛）、鸟岛（百鸟朝凤）等地方建设天妃文化微博物馆群，使之成为天妃文化立体博物馆，系统表现天妃文化近千年的海内外发展与文化传播史。

第六，举办天妃文化国际论坛及"一带一路"天妃友好城市发布会。建设天妃文化国际交流中心，配套温泉度假酒店、滨湖休闲别墅区及相关餐饮、娱乐设施，与中国起源地文化研究中心合作，每年举办一届天妃文化国际论坛及"一带一路"天妃友好城市发布会。

三、举办天妃文化传承与发展论坛，打造天妃文化年会品牌

可由中国起源地文化研究中心等主办，邀请来自社会各界天妃文化专家学者参加。论坛以充分传播天妃文化，弘扬天妃精神为主题，希望通过天妃文化交流振奋民族精神，增强民族自豪感和凝聚力。研讨会期间，举办"天妃文化在宁波"系列研究报告发布会，集中展示天妃形象的变化发展轨迹，表达天妃文化的多元化理解，推动天妃文化有效传播。

四、举办天妃文化友好城市联谊活动，融入"一带一路"建设

设计天妃文化高峰论坛暨"一带一路"天妃友好城市发

布会，可由中国起源地文化研究中心主办，推动天妃文化在世界范围内的传播与发展，展示和平、发展、合作、共赢的愿望，促进"一带一路"建设和天妃文化精神共享，使天妃文化融入信俗、海洋、经贸、旅游等各个领域，推进天妃文化在"一带一路"沿线国家的深度融合。

五、活跃天妃文化节庆，促进天妃文化遗产传承弘扬

宁波湾内传说中龙女居住的地方"天妃湖"是东海船帮文化的起源地，也是传说中"东海福地"起源地和"天妃海神娘娘"的平安文化发祥地。宁波当地的天妃祭祀活动不但隆重和热烈，而且具有较强代表性、典型性与承传性。可以联合莆田、台北、天津、大连等城市联合举办天妃文化盛会，促进天妃文化的传承弘扬。

参考文献

1. 著作

［1］黄定福.宁波近代建筑研究［M］.宁波：宁波出版社，2010.

［2］黄浙苏.信守与包容——浙东妈祖信俗研究［M］.杭州：浙江大学出版社，2011.

［3］蒋维锬.妈祖研究文集［M］.福州：海风出版社，2006.

［4］罗春荣.妈祖文化研究［M］.天津：天津古籍出版社，2006.

［5］徐培良，应可军.宁海古戏台［M］.北京：中华书局，2007.

［6］徐晓望.妈祖信仰史研究［M］.福州：海风出版社，2007.

［7］浙江省鄞县地方志编委会.鄞县志［M］.北京：中华书局，1996.

［8］张如安.宁波古代历史文化研究资料索引［M］.北京：海洋出版社，2011.

［9］郑鹤声，郑一钧.郑和下西洋资料汇编（增编本）［M］.北京：海洋出版社，2005.

［10］海峡两岸妈祖研讨会论文集［C］.北京：中国文史出版社，
　　　2010.

［11］陈新元.元代福建多族士人圈研究三题［G］// 中国边疆民
　　　族研究.北京：中央民族大学出版社，2016.

［12］黄浙苏.论妈祖信仰对宁波海上丝绸之路发展的作用［G］//
　　　宁波与"海上丝绸之路"国际学术研讨会论文集.宁波：宁波
　　　出版社，2005.

2. 期刊

［1］毕旭玲.吴越地区海神信仰域外传播概述［J］.中原文化研
　　　究，2016（4）.

［2］蔡天新.妈祖信仰的形成与莆商在妈祖文化传播中的重要作用
　　　［J］.闽商文化研究，2014（1）.

［3］曹萌，永井淑子.妈祖文化在东北地区的流传及其文学化倾向
　　　［J］.边疆经济与文化，2017（11）.

［4］陈焕文.妈祖信仰及其在宁波的影响［J］.宁波师院学报·社
　　　会科学版，1993（1）.

［5］陈支平.从契约文书看清代泉州黄宗汉家族的工商业兴衰［J］.中
　　　国经济史研究，2001（3）.

［6］陈祖芬."海丝"中国段妈祖文化遗存的产生历史及其价值［J］.中
　　　国海洋大学学报·社会科学版，2018（1）.

［7］陈政禹.宋元以来浙江妈祖信仰研究初探［J］.中国海洋大学
　　　学报·社会科学版，2015（3）.

［8］程伊权.妈祖文化与嘉兴海运业的发展［J］.嘉兴学院学报，
　　　2006（5）.

中国起源地文化志系列丛书

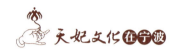

［9］范金民.明清地域商人与江南市镇经济［J］.中国社会经济史研究，2003（4）.

［10］范金民.清代前期上海的航业船商［J］.安徽史学，2011（2）.

［11］高红霞.城市近代化中的上海闽商［J］.史林，2003（3）.

［12］高粱.《天妃娘妈传》故事源流考——兼论海神天妃兴衰的时代背景［J］.明清小说研究，1991（3）.

［13］龚惠云.复活街区遗产 张扬城市文化——宁波江东北路在保护与传承中创意新生［J］.宁波通讯，2011（4）.

［14］黄莺.舟山渔民祭海习俗研究［J］.广西大学学报·哲学社会科学版，2009（9）.

［15］黄盼盼，胡佳红，何建兵.妈祖文化在舟山的传播及分布格局［J］.浙江海洋学院学报·人文科学版，2011（1）.

［16］黄定福，李本侹."浙东一绝"宁波庆安会馆戏台［J］.中国文化遗产，2008（3）.

［17］黄定福.宁波会馆文化形成的原因及特色初探［J］.宁波经济（三江论坛），2012（10）.

［18］黄浙苏.宁波天后宫雕刻特色研究［J］.莆田学院学报，2011（4）.

［19］黄浙苏，丁洁雯.论庆安会馆的当代利用［J］.中国名城，2011（6）.

［20］黄浙苏.宁波庆安会馆管理运作模式初探［J］.中国文物科学研究，2017（4）.

［21］黄浙苏，丁洁雯，龚国荣.海不扬波兮庆安澜——庆安会馆辉煌煊赫160载［J］.资本市场，2014（1）.

［22］黄静.天妃信仰的起源、属性、传播及其历史文化背景［J］.广东史志，1999（2）.

［23］黄文杰.从太阳鸟到妈祖走向人间的东海信仰［J］.宁波通讯，2012（16）.

［24］贾鸿雁.我国的海洋旅游文化资源及其开发［J］.中国海洋大学学报·社会科学版，2006（2）.

［25］贾珺.灵祠巍焕，飞阁凌空——淮安府清河县惠济祠历史、格局、祀神及御园仿建始末考略［J］.中国建筑史论汇刊，2013（1）.

［26］金皓.宁波地区会馆资源保护利用路径之探讨［J］.文物世界，2014（6）.

［27］孔陈焱.明清来华西方人对妈祖文化的早期认知［J］.福建省社会主义学院学报，2014（3）.

［28］牟财源.妈祖"天后宫"保护遭遇尴尬历史问题［J］.中华建设，2010（1）.

［29］刘福铸.妈祖褒封史实综考［J］.湛江海洋大学学报，2005（5）.

［30］刘福铸.论浙江竹枝词中的妈祖文化［J］.浙江海洋大学学报·人文科学版，2009（4）.

［31］刘云.宁波的妈祖信仰和天妃宫的兴废［J］.中华妈祖，2008（3）.

［32］李广志.宁波海神信仰的源流与演变［J］.民间文化论坛，2011（5）.

［33］李法军，盛立双，朱泓.天津北辰张湾明代沉船出土人骨鉴定与初步分析［J］.边疆考古研究，2016（2）.

［34］李伯重."乡土之神"、"公务之神"与"海商之神"——简论妈祖形象的演变［J］.中国社会经济史研究，1997（2）.

［35］李小红.妈祖由巫到神的嬗变及其成因探析［J］.宁波大学

中国起源地文化志系列丛书

学报·人文科学版，2009（4）.

［36］李庆新.再议郑和下西洋：以两次从广东启航为中心［J］.广东社会科学，2003（2）.

［37］李少园.论宋元明时期妈祖信仰的传播［J］.福建论坛·文史哲版，1997（5）.

［38］潘承玉.浙东士人妈祖书写的人文精神［J］.绍兴文理学院学报·哲学社会科学，2016（3）.

［39］舒肖明.宁波市区商帮文化水上旅游线路开发探讨［J］.宁波大学学报·人文科学版，2007（5）.

［40］苏文菁，韩朝.社会变迁视角下的妈祖庙功能分析——以涵江霞徐天妃宫为例［J］.发展研究，2016（5）.

［41］苏勇军.宁波海洋文化及旅游开发研究［J］.渔业经济研究，2007（1）.

［42］施敏洁.妈祖信仰的发展、传播及融合——以中国、琉球、日本为中心［J］.浙江万里学院学报，2007（1）.

［43］涂师平.浙江宁波地域水神崇拜文化考探［J］.华北水利水电大学学报·社会科学版，2016（1）.

［44］万江红，涂上飙.会馆的社会影响初探［J］.武汉大学学报·人文科学版，2001（2）.

［45］王荣国.明清时期海神信仰与海洋渔业的关系［J］.厦门大学学报·哲学社会科学版，2000（3）.

［46］王子成.《天妃娘妈传》时空变化的文化内涵及其与江西地域文化的关系［J］.九江学院学报·社会科学版，2016（1）.

［47］王竞野.浅谈地域文化在城市广场景观设计中的应用分析［J］.美与时代·城市版，2015（9）.

［48］谢柯宝.从文献看宁波妈祖文化研究现状［J］.现代交际，

2011（5）.

［49］解扬.2014年明史研究综述［J］.中国史研究动态，2015（6）.

［50］徐明德.论清代中国的东方明珠——浙江乍浦港［J］.清史研究，1997（3）.

［51］俞信芳.从妈祖的早期文献看造神过程——兼论妈祖与宁波的关系［J］.中共宁波市委党校学报，2004（1）.

［52］应南凤.从龙王到妈祖——中国海洋社会的信仰观察［J］.宁波职业技术学院学报，2013（3）.

［53］赵雯丽，王福鑫.太仓浏河镇天妃宫的保护与利用研究［J］.中国市场，2015（35）.

［54］赵文刚，郑宝芳.海洋文化与元明清天妃宫遗址博物馆［J］.中国博物馆，2002（3）.

［55］张麒.传承历史文化融入现代社会——扩建静海寺、重建天妃宫设计的思考［J］.建筑与文化，2005（1）.

［56］张珣.海不扬波：妈祖与其信仰在台之传播［J］.国家航海，2014（4）.

［57］张富春.清代河南地区妈祖庙宇考述［J］.中国俗文化研究，2013（2）.

［58］张侃.谁的"标准"？"正统"何在？——元代《台州路重建天妃庙碑》与浙东士人的天妃观［J］.地方文化研究，2014（6）.

［59］张如安.初探宋代宁波海神信仰——兼论宋代妈祖信仰与宁波的关系［J］.中共宁波市委党校学报，2004（1）.

［60］张桂林.试论妈祖信仰的起源、传播及其特点［J］.史学月刊，1991（4）.

［61］郑衡泌.以祠神为纽带和标志的迁移人群的地方认同和融合——以宁波沿海海神信仰为例［J］.亚热带资源与环境学

中国起源地文化志系列丛书

报，2011（4）.

［62］郑衡泌.宋代妈祖信仰传播的地理过程及其推力分析［J］.地理科学，2010（2）.

［63］周静书.宁波海洋文化的研究与思考［J］.宁波通讯，2013（7）.

［64］周金琰.湄洲妈祖祖庙祭典及其当代意义研究［J］.世界宗教研究，2015（5）.

［65］朱佳辉，白斌.市场经济下的浙江海洋商业物质文化遗产现状与保护［J］.商场现代化，2014（24）.

3. 学位论文

［1］曹清瑛.浙江农业景观的文化形态与发展研究［D］.杭州：浙江农林大学，2013.

［2］陈彩云.元代温州路研究［D］.广州：暨南大学，2009.

［3］陈江.明代中后期的江南社会与社会生活［D］.上海：华东师范大学，2003.

［4］陈丽霞.温州人地关系研究：960—1840［D］.杭州：浙江大学，2005.

［5］陈琳.明清琼雷地区祭祀建筑研究［D］.广州：华南理工大学，2017.

［6］陈盼.经济民俗学视角下的南京天妃宫［D］.南京：南京师范大学，2016.

［7］陈清.明清时期江浙闽地区贸易通道与商品流通研究［D］.温州：温州大学，2015.

［8］陈旭.明代瘟疫与明代社会［D］.重庆：西南大学，2011.

［9］丛洋洋.大连旅顺龙王塘妈祖信仰的文化研究［D］.沈阳：辽

宁大学，2011.

［10］段芳.近代中国海洋文化崇拜研究［D］.济南：山东师范大
学，2016.

［11］范露丹.宁波市园林发展研究［D］.长沙：中南林业科技大
学，2007.

［12］冯磊.清代浙江海防炮台研究［D］.石家庄：河北师范大
学，2015.

［13］高凡.南京天妃宫庙会信仰文化研究［D］.南京：南京师范
大学，2016.

［14］高萍萍.近代上海木材业及其从业群体研究［D］.上海：上
海师范大学，2013.

［15］贺琛.水密隔舱海船文化遗产研究［D］.北京：中央民族大
学，2012.

［16］侯培杰.论天妃信仰在琉球的传播和嬗变［D］.延吉：延边
大学，2014.

［17］胡晨.明朝嘉靖时代的"海上王国"——汪直及其东亚海
上贸易网络研究（1540—1560）［D］.青岛：中国海洋大学，
2010.

［18］胡雪.明清时期鲁商研究［D］.济南：山东师范大学，2017.

［19］黄文杰.宁波乡土意象的语文价值与意义生成的基本途径探
究［D］.宁波：宁波大学，2014.

［20］黄亦琳.妈祖民俗体育现状调查与发展对策研究［D］.重
庆：西南大学，2014.

［21］黄震.清末民初山东沿海商业文化研究［D］.西安：陕西师
范大学，2014.

［22］贾伟静.《天妃娘妈传》研究［D］.新乡：河南师范大学，

中国起源地文化志系列丛书

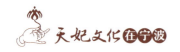

2012.

［23］姜鹏.清代东海诗歌研究［D］.苏州：苏州大学，2016.

［24］柯立红.妈祖信仰中的民间装饰设计探究［D］.福建：福建师范大学，2006.

［25］李凡.山东地区妈祖信仰研究［D］.济南：山东大学，2015.

［26］李启龙.中国共产党与1978年以来的台湾海峡两岸关系［D］.北京：中共中央党校，2003.

［27］李学兰.明清以来江南地区商人团体习惯法的演化［D］.济南：山东大学，2007.

［28］梁浩.天津海河景观文化探析［D］.天津：天津大学，2009.

［29］林移刚.清代四川民间信仰地理研究［D］.重庆：西南大学，2013.

［30］刘强.明清潮州对外贸易研究［D］.广州：暨南大学，2005.

［31］刘帅.天妃信仰在日本的传播和演变［D］.天津：天津外国语大学，2017.

［32］刘素霞.明清时期岭南北江流域交通变迁研究［D］.广州：暨南大学，2013.

［33］刘宪文.近代上海十六铺研究［D］.上海：上海师范大学，2005.

［34］刘宇勋.清初福建沿海的复界与地方社会［D］.福州：福建师范大学，2013.

［35］柳亚平.清中叶浙江海盗问题研究［D］.济南：山东大学，2010.

［36］陆臻杰.明清时期浙江与琉球的历史关系研究［D］.宁波：宁波大学，2017.

［37］马朝深.清代青岛地区海商研究［D］.青岛：中国海洋大

学，2010.

［38］马川川.近代中国母亲文化研究［D］.济南：山东师范大学，2013.

［39］马帅.空间分离型的同源文化旅游地合作开发研究［D］.福州：福建师范大学，2011.

［40］毛海莹.江南女性民俗的文学展演研究［D］.上海：华东师范大学，2012.

［41］齐静.天津城市文化遗产价值与保护研究［D］.长春：吉林大学，2009.

［42］钱婷婷.神界亲缘关系的建构与地域联结［D］.上海：华东师范大学，2010.

［43］邵丽.海洋开发对沿海城市文化影响的分析［D］.青岛：中国海洋大学，2010.

［44］石玉兵.宋元时期北方海港及相关考古遗存的初步研究［D］.长春：吉林大学，2017.

［45］时媛媛.宁波海岸带文化景观的保护性开发研究［D］.宁波：宁波大学，2010.

［46］宋文亮.田横祭海研究［D］.青岛：中国海洋大学，2010.

［47］苏亚红."妈祖"形象和名称演变的历史研究［D］.济南：山东大学，2011.

［48］唐勇.宋代明州（庆元）港城研究［D］.宁波：宁波大学，2008.

［49］田根胜.近代戏剧的传承与开拓［D］.上海：华东师范大学，2003.

［50］王芳.近代中国传统女性崇拜研究［D］.济南：山东师范大学，2010.

［51］王健.天津海河综合开发规划的实践与理论研究［D］.天津：天津大学，2008.

［52］王瑾.《夷坚志》新论［D］.广州：暨南大学，2010.

［53］王玲玲.新地域主义背景下的城市景观规划设计［D］.天津：天津大学，2007.

［54］王荣国.明清时代的海神信仰与经济社会［D］.厦门：厦门大学，2001.

［55］王秀丽.元代东南地区商业研究［D］.广州：暨南大学，2002.

［56］王珍曙.元朝水路交通的拓展及对经济发展的影响［D］.昆明：云南师范大学，2004.

［57］魏亭.明清浙江海洋社会研究［D］.宁波：宁波大学，2011.

［58］邬莎.宁波古代城市规划史研究［D］.南京：东南大学，2017.

［59］巫志峰.从《福建沿海航务档案》看嘉庆朝福建海洋管理［D］.福州：福建师范大学，2015.

［60］吴丽丽.上海地区妈祖信仰研究［D］.上海：华东师范大学，2010.

［61］谢柯宝.浙东地区妈祖信仰研究［D］.宁波：宁波大学，2012.

［62］谢文侃.天台山国清寺宗教文化旅游市场研究［D］.上海：华东师范大学，2010.

［63］徐君康.宁波海洋非物质文化遗产数字化传播问题与对策研究［D］.宁波：宁波大学，2016.

［64］徐立.元代民间信仰研究［D］.广州：暨南大学，2014.

［65］薛依欣.宁波传统村落空间形态研究［D］.杭州：浙江农林

大学，2016.

［66］闫化川.妈祖信仰的起源及其在山东地区传播史研究［D］.济南：山东大学，2006.

［67］严忠明.一个双核三社区模式的城市发展史［D］.广州：暨南大学，2005.

［68］杨尚其.甬台地区传统滨海风景园林调查与研究［D］.杭州：浙江农林大学，2016.

［69］杨洋.天津市海河开发改造工程实录与思索［D］.天津：天津大学，2005.

［70］杨义.天津市发展历程对海河改造工程定位的思考［D］.天津：天津大学，2008.

［71］尹力.基于水系要素的天津城市特色研究［D］.天津：天津大学，2011.

［72］尹泽凯.明代海防聚落体系研究［D］.天津：天津大学，2015.

［73］应华东.浙江宁波三江口地区会馆建筑装饰艺术研究［D］.杭州：浙江工业大学，2014.

［74］袁小湉.明代中后期宫廷涉外交往研究［D］.济南：山东师范大学，2017.

［75］曾祯.基于图形叠加及地统计学的浙江文化区空间透视［D］.金华：浙江师范大学，2013.

［76］张建勇.妈祖信仰词语研究［D］.济南：山东大学，2012.

［77］张礼敏.社会转型与文化积淀［D］.天津：天津大学，2014.

［78］张先爵.客家土地崇拜研究［D］.桂林：广西师范大学，2012.

［79］章祎雯.顺应论视角下博物馆文本的英译报告［D］.宁波：

中国起源地文化志系列丛书

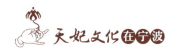

宁波大学，2015.

[80] 赵丽.宁波市城市景观体系时空演变特征研究[D].武汉：华中科技大学，2015.

[81] 赵晓雯.清代台湾海上遭风事件研究[D].福州：福建师范大学，2014.

[82] 赵欣.浙江海防建筑之现状与保护初探[D].杭州：中国美术学院，2008.

[83] 郑衡泌.妈祖信仰传播和分布的历史地理过程分析[D].福州：福建师范大学，2006.

[84] 钟芸.《土风录》研究[D].上海：上海师范大学，2012.

[85] 周运中.苏皖历史文化地理研究[D].上海：复旦大学，2010.

[86] 朱丽仙.妈祖神格化的路径分析[D].福州：福建师范大学，2010.

[87] 庄黄倩.清代涉海小说研究[D].广州：暨南大学，2015.

4. 报纸

[1] 黄定福.风格独具的宁波商帮会馆[N].宁波晚报，2012-10-14.

[2] 王芳.曾经辉煌的"非遗"项目期待薪火相传[N].宁波日报，2013-12-18.

[3] 谢安良.世界级遗产妈祖文化的弘扬地[N].宁波日报，2009-12-18.

[4] 赵育科，江怀海.与海共生的浙东妈祖文化[N].中国海洋报，2016-10-20.

后记
弘扬天妃文化精神，提升国家文化软实力

天妃文化是中国民间文化信俗，与龙文化、妈祖文化、观世音菩萨文化等相互影响，并与儒释道文化深度结合，融入了中国人的文化基因，表达了中国人民对和平、安康生活的美好向往。天妃文化对历史上人民团结、社会稳定和国家发展起到了重要的促进作用。天妃文化与中国的海洋文化一道远涉重洋，由东南沿海地区出发，在东南亚、东北亚甚至全球海洋国家和地区均具有深远的影响，天妃已经成为全球航海者共同的保护神。

弘扬天妃文化精神对于增强我国文化海外传播力，提升中国文化影响力具有十分重要的作用。当今，全国人民正在为实现中华民族的伟大复兴中国梦而努力奋斗。我国已经成为世界第二大经济体，逐渐走向世界舞台的中央，我们需要向全球展现伟大中国人民奋斗的历史故事和创造精神。天妃文化精神凝结着中国人民热爱和平、热爱团结、勇于奋斗、

中国起源地文化志系列丛书

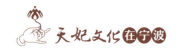

敢于创新的精神特质，它不仅是中国人民的精神遗产，还是全人类共同的文化遗产。天妃文化的传播对凝聚海内外华人华侨具有十分特殊的作用，对联结"海上丝绸之路"的民心具有较强的纽带作用，对阐释构建人类命运共同体的基本理念和精神也具有较强的辅助作用。

《天妃文化在宁波》的编写系公益性的学术研究，是一批志同道合的天妃文化爱好人员，对宁波天妃文化的相关传说、研究成果、历史遗迹等进行了相对系统的梳理，旨在对天妃文化相关研究、保护和创造性转化提供一定的资料和建议参考。由于时间和参与人员的知识、能力所限，难免出现一定的疏漏和谬误，敬请广大读者批评指正。本书参考了大量专家的学术成果，部分图片和文献来自网络，除了文中注明的参考文献和专家名字外，有的未能与作者取得联系，如有版权问题请及时与编者联系，再版时一并更正、一并感谢。

天妃文化源远流长，天妃文化在宁波的传承与发展是中国天妃文化的重要代表，是世界天妃文化传承与创新的重要实践，并将随着时代的发展历久弥新。未来，愿我们一道继续研究天妃文化，传播天妃文化，并通过天妃文化讲述一点中国的好故事，传播一点中国的好声音，为凝聚海内外华人华侨和提升国家文化软实力略尽绵薄之力。

中国起源地文化志系列丛书